金石學

# 兩罍軒彝器圖釋

（清）吴雲 輯

浙江古籍出版社

圖書在版編目(CIP)數據

兩罍軒彝器圖釋 / (清)吴雲輯. -- 杭州 : 浙江古籍出版社, 2019.7

ISBN978-7-5540-1529-2

Ⅰ.①兩… Ⅱ.①吴… Ⅲ.①金屬器物—中國—古代—圖譜 Ⅳ.①K876.42

中國版本圖書館CIP數據核字(2019)第076766號

兩罍軒彝器圖釋

(清)吴　雲　輯

出版發行　浙江古籍出版社(杭州市體育場路347號)

電話: 0571-85176986　郵編: 310006

網　　址　www.zjguji.com

責任編輯　劉　蔚

文字編輯　郭大帥

封面設計　劉　欣

責任校對　吴穎胤

責任印務　樓浩凱

照　　排　浙江時代出版服務有限公司

印　　刷　浙江新華印刷技術有限公司

開　　本　880 mm × 1230 mm　1/32

印　　張　18.625

字　　數　360千

版　　次　2019年7月第1版

印　　次　2019年7月第1次印刷

書　　號　ISBN 978-7-5540-1529-2

定　　價　120.00圓

# 出版説明

《兩罍軒彝器圖釋》十二卷，清吴雲輯。

吴雲（一八一一—一八八三），字少甫，號平齋，晚號退樓，又號愉庭，浙江歸安（今浙江湖州）人。吴氏屢困場屋，凡六試始補博士弟子員。道光二十四年（一八四四），始援例以通判分發江蘇，其後歷仕寶山、金匱知縣，鎮江、蘇州知府等職。工書畫，精鑒別，尤嗜金石收藏與研究。所藏禊帖二百餘種，因名其室曰『二百蘭亭齋』，後得齊侯罍二，又名所居爲『兩罍軒』。所著有《二百蘭亭齋收藏金石記》《二百蘭亭齋古銅印存》《二百蘭亭齋古印考藏》《兩罍軒彝器圖釋》《兩罍軒印考漫存》《虢季子白盤考》《漢建安弩機考》《温虞恭公碑考》《華山碑考》《焦山志》《兩罍軒尺牘》等。其生平事跡，詳見俞樾所撰《江蘇候補道吴君墓志銘》。

據吴氏自序，其自幼即嗜金石之學，及長，往來蘇滬，從朱昂之習畫，所交諸人中獨徐渭仁兼及金石。至嘉興訪張廷濟，觀其所藏，心竊慕之。迨官江蘇，往來大江南北，交遊日廣，見聞亦擴，生平所收桓碑彝器法書名畫之屬頗亦不少。咸豐六年（一八五六），曾輯所藏碑帖、鼎彝爲《二百蘭亭齋收藏金石記》，其中吉金類止録家藏各器，質量頗高，『半爲積古齋舊物』（參《二百蘭亭齋收藏金石記》葉志詵序）。咸豐十年，太平軍攻克蘇州，其所藏書籍、金石、書畫等俱罹兵燹，《二百蘭亭齋收藏金石記》書版亦遭焚毀。兵亂後，吴雲仿燕昭市馬之法，懸金求購散失之物，『而故家之弆藏有由是而得者，轉或出於所望之外』，曹載奎懷米山房舊藏金石多爲所得。同治十一年（一八七二），吴雲以其收藏爲基礎，編定《兩罍軒彝器圖釋》，『上自商周，下訖五季，無款識者不録，涉疑似者必汰，釐爲十二卷』。每器皆鉤摹器形、銘文，説明尺寸、重量，附以釋文、考證。其中多阮氏積古齋、曹氏懷米山房、張氏清儀閣舊藏，間有親朋所投贈。吴雲以爲古器物於考證上古禮數遺文尤爲重要，並舉己藏戣、瞿二器爲例，諸儒於其形制衆説紛紜，未有定論，如果得見二器，『正可不煩言而自解』。

此書先後有同治十二年刻本、文瑞樓石印本等。此據同治十二年初刻本影印，此本與後印諸本有所不同：其一，吴雲自序，後印本較初刻本有所增删；其二，初刻本舊目卷三末爲仲皛彝，後印本改爲曼仲彝，正文内容亦隨之改易；其三，初刻本舊目卷六末爲仲五父敦蓋，後印本剜改此行，夾書仲五父敦蓋、仲皛敦，正文内容亦隨之改易。究其原因，乃是吴氏在仲皛敦定名上的摇擺。吴雲曾得張廷濟《清儀閣所藏古器物文》稿本，《兩罍軒彝器圖釋》徵引張氏文字多出於此。據《清儀閣所藏古器物文》張廷濟跋仲皛敦稱：『彝閎口無蓋，間亦有蓋，敦奄口皆有蓋。此閎口而文曰敦者，尊彝可通稱于他器，故敦亦通稱于彝也，然傳器實罕見。』此次影印，將後印剜改諸頁附録於後，以便讀者參考。

# 目録


像贊……（一）
馮桂芬序……（三）
俞樾序……（一一）
自序……（一七）
舊目……（二九）
工部營造尺式……（四三）
兩罍軒彝器圖釋卷一……（四五）
商册册父乙鼎……（四五）
商庚午父乙鼎……（四九）
商立戈父丁彝……（五三）
商父丁彝……（五七）
商虎父戊卣……（六一）
商執爵父癸卣蓋……（六五）
商䜌父辛卣蓋……（六九）
商父辛爵……（七五）
商父己爵……（七九）
兩罍軒彝器圖釋卷二……（八三）
商祖辛觚……（八三）
商父辛觚……（八七）
商手執中觚……（九一）
商魚觚……（九五）
商父己觶……（九九）
商雙爵父辛觶……（一〇三）
商孫子觶……（一〇七）
商庚觶……（一一一）
商舉丁觶……（一一五）
商吳父壬壺……（一二一）
兩罍軒彝器圖釋卷三……（一二七）
周祿康鐘……（一二七）
周邾公牼鐘……（一三一）
周伯頵父鼎……（一三七）
周臤冊鼎蓋……（一四一）

周魚父己尊 ……………………（一四七）
周臤尊 ………………………（一五一）
周伯到尊 ……………………（一五七）
周仲皃彝 ……………………（一六一）
兩罍軒彝器圖釋卷四 ………（一六五）
周齊侯罍 ……………………（一六五）
兩罍軒彝器圖釋卷五 ………（二〇九）
周齊侯中罍 …………………（二〇九）
兩罍軒彝器圖釋卷六 ………（二五一）
周庚羆卣 ……………………（二五一）
周亶卣 ………………………（二六三）
周師酉敦 ……………………（二六九）
周師酉敦蓋 …………………（二七七）
周師酉敦二 …………………（二八一）
周岑妃敦 ……………………（二八七）
周封敦 ………………………（二九五）
周兄光敦 ……………………（三〇五）
周惠敦 ………………………（三〇九）
周伯到敦 ……………………（三一三）
周史頌敦蓋 …………………（三一九）
周仲五父敦蓋 ………………（三二七）
兩罍軒彝器圖釋卷七 ………（三三一）
周夒壺 ………………………（三三一）
周虢季子壺 …………………（三三七）
周史僕壺蓋 …………………（三四一）
周芮太子簠 …………………（三四五）
周魯伯俞簠 …………………（三四九）
周曼龔父簋 …………………（三五三）
周旅簋蓋 ……………………（三五七）
周伯春盉 ……………………（三六一）
周㫒鬲 ………………………（三六五）
周齊侯匜 ……………………（三七一）
兩罍軒彝器圖釋卷八 ………（三七五）
周王子申盞蓋 ………………（三七五）

周齊侯盤 ……（三七九）
周戣 ……（三八三）
周瞿 ……（三八七）
周齊良鐱 ……（三九一）
周高陽左戈 ……（三九五）
周朕作矛 ……（三九九）
農器 ……（四〇三）
兩罍軒彝器圖釋卷九 ……（四〇五）
秦度量 ……（四〇五）
漢永始鼎 ……（四〇九）
漢永元洗 ……（四一五）
漢董氏洗 ……（四一九）
漢黄山鐙 ……（四二三）
漢銅鼓一 ……（四二七）
漢銅鼓二 ……（四三一）
漢錞 ……（四三三）
漢刁斗 ……（四三七）
兩罍軒彝器圖釋卷十 ……（四四一）
漢張掖太守虎符 ……（四四一）
漢建平弩機 ……（四四五）
漢孫旅弩機 ……（四四九）
漢大泉五十笵一 ……（四五三）
漢大泉五十笵二 ……（四五五）
漢貨泉笵 ……（四五九）
漢栔刀泉笵 ……（四六三）
漢大布黄千泉笵 ……（四六五）
漢陰文五銖泉笵一 ……（四六九）
漢陰文五銖泉笵二 ……（四七三）
漢陽文五銖泉笵一 ……（四七七）
漢陽文五銖泉笵二 ……（四七八）
漢陽文五銖泉笵三 ……（四七九）
漢斗檢封 ……（四八一）
兩罍軒彝器圖釋卷十一 ……（四八三）
漢大司馬鉤 ……（四八三）

漢虎賁鉤……（四八五）
漢中臧府從事鉤……（四八七）
漢軍曲鉤一……（四八九）
漢軍曲鉤二……（四九一）
漢上衞鉤……（四九三）
漢君宜高官鉤……（四九五）
漢丙午神鉤……（四九七）
漢徐豐鉤……（四九九）
漢高陽鉤……（五〇一）
漢共鉤……（五〇三）
漢萬歲鉤……（五〇五）
漢日利鉤……（五〇七）
漢宜用大吉鉤……（五〇九）
漢保身鉤……（五一一）
漢至珍鉤……（五一三）
漢千四鉤……（五一五）
漢長壽連鉤……（五一七）
漢陽文長壽半鉤……（五一九）
漢陰文長壽半鉤……（五二一）

**兩罍軒彝器圖釋卷十二**……（五二三）
魏太和銅尉斗……（五二三）
晉丞邑男虎符……（五二九）
唐嘉德門巡魚符……（五三一）
唐凝宵門交魚符……（五三三）
唐右領軍衞魚符……（五三五）
唐龜符……（五三七）
孟蜀韩文笵……（五四七）
吴越金塗銅舍利塔……（五四九）

**附　録**……（五六一）

同治十有弍年秋九月

# 兩罍軒彝器圖釋

德清俞樾署檢

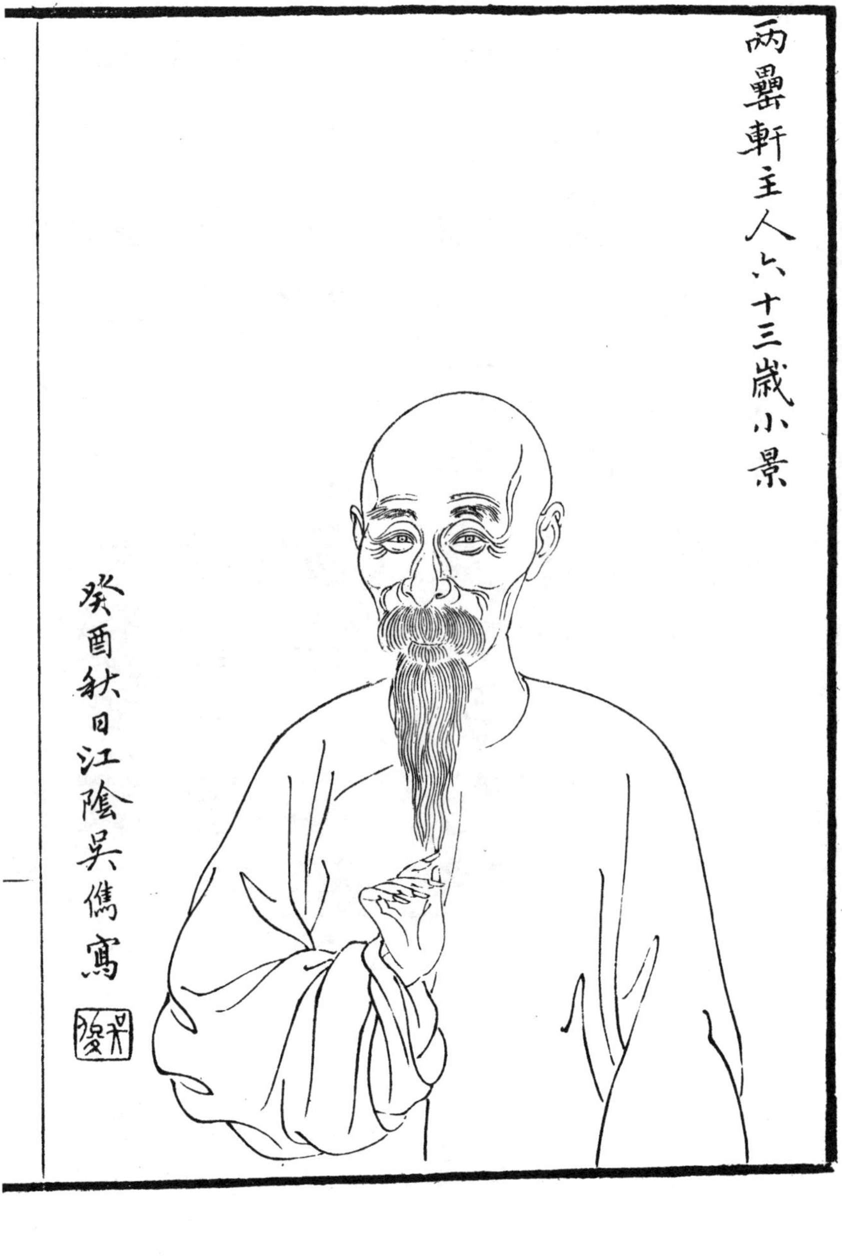
兩罍軒主人六十三歲小景
癸酉秋日江陰吳儁寫

奄謝先組倏然林麓季鷹蓴鱸泉明
柗鞠有子克家皓蒼生福虞月婆娑
聽楓蒔竹魚鼎湯盤研求商榷實究
經義津逮後學豈曰翫好徒悅耳目
即器見道俾載斯錄

兩罍軒主人作彝器圖釋既成寫其皃於卷首
歸安沈秉成爲之贊旹同治癸酉八月朔

成

鐘鼎文者何古文也黄帝史倉頡作古文歷唐虞夏商周不廢周宣王太史籀著大篆十五篇與古文僅史官及學童用之其餘書之竹帛勒之鐘鼎者古文也秦并天下始罷不與秦文合者於是小篆隸書盛行

古文肇殘軼壁中殘簡及鼎彝之屬籍可攷見一二許叔重所謂郡國往往於山川得鼎彝其銘即前代之古文也自漢以後古器罕出民間得一器輒獻上方後神瑞學士大夫尠見之郭忠恕夏竦云纂苑粹古文

徵引至七十餘家僅列傳廷珪劍銘三代法物無聞焉宋以來爲原古家搜獵始移至王俅呂大臨薛尚功之考出而此學大顯易曰形而上者謂之道形而下者謂之器湯盤孔鼎垂之九經是道寔即器而寓學者能

通古文以求古聖人之道是
其淺屬哉觀察帥安吳君平
齋劬學耆古居恒一觚一器摩
挲考證累晷夕不倦其好之者
故其搜之精而藏之也富比乃所
纂兩罍軒彝器圖釋十二卷
屬按勘而序之上自商周下逮

五季凡百有餘器而商周之器居十之六於乎可謂大觀矣余於此學未涉庭塗鍾鼎尊彝平生所見無多惟阮氏書有見於鼎彝之銘即前代古文與小篆流異而源實同則亦轉業所宜及也讀君所集

宰六學以精熟通諧明如所命戴瞿自來無確解今得實見其物及名字可材象字中直不達之故不一而足皆經學小學家所未及見謂古某物足以羽翼經史字書其所得固有駕乎宋元明諸家之上者矣爰

為校勘一過徵數行而歸之同治十有二年歲次癸酉季春之月吳縣馮桂芬序

余嘗著羣經平議解尚書巽朕位謂巽爲纂之叚字及讀辥尚功鐘鼎款識有宰辟敦三與文竝云用饌乃祖考事則固當叚饌爲纂又著諸子平議解晏子春秋賴君之賜得以壽三族謂壽爲保之叚字而辥書載未及泉魯正叔縧竝云永壽用之則固已叚壽爲保古彝器銘詞之可寶貴如

此吾人欲讀古書安可不觀古器哉老友吳君退樓癖嗜金石收藏富有因出其所儲鐘鼎尊彝之屬鉤摹而精刻之為兩罍軒彝器圖釋十有二卷其中戣戵兩器即顧命七兵之二歷三千餘年鄭孔諸大儒所不能言者而今得見之古器之裨益經義為不淺矣兩齊侯罍乃君所以名其軒者

故為說加詳足補古饗禮食禮之闕余讀其銘屢言璧玉備玉乃悟周官玉府之職共王之服玉服玉即備玉也古服備字通趙策騎射之服史記趙世家作騎射之備可以為證鄭司農解服玉為冠飾十二玉殆未得乎余往前未讀君書故羣經平議中不克援引此器以解服玉之義益歎古器之可寶貴也

李義山云商盤孔鼎有述作今無其器存其詞若君此書則存其詞兼存其器大小輕重悉依　本朝權度而詳載之一展卷而古器宛然在目非好古者所尤幸乎是蓋於阮氏積古齋後又成一鉅觀洵考古家必傳之書余識見淺陋不足以考訂異同辨別真偽惟研求故訓積有歲年深知其有裨於

經義故輒書所見于卷端亦欲讀是
書者勿徒以為耳目之玩也
同治十有二年太歲在癸酉畢陬之
月德清俞樾譔并書於春在堂

嘗讀趙德甫金石録知收臧古器實始於劉原父而集録前代遺文則自歐陽公發之其時河南文氏眉山蘇氏廬江李氏三十餘家亦家有其器人識其文呂大臨考古圖所載甚詳厥後董廣川薛尚功王順伯黃伯思張才甫翟耆年王子弁輩競相蒐討各有專書宣和朝殫人主之力四出搜采一時三代兩漢之器充積上方於是繪其圖形模其銘識彙爲博古圖一書

使閲者於三代法物昭若揭日瞭如指掌可謂盛已元明以來吾子行趙凡夫輩於篆籀形聲之學雖稱專精而於先秦古器未有記録

聖清稽古右文鴻儒輩出 西清古鑑抉擇之精攷證之確則又遠軼考古博古諸書乾嘉道光間阮芸臺相國起爲提倡學者宗之所著積古齋彝器款識當日海内名士萃集幕下考其辨識

古文奇字既極精審而所録銘篆又皆從拓本影摹
迥非世傳彝器款識諸書轉輾傳寫全失真面者
可比雖其中點間有可議之處而三代文字之不絶於
今者實賴此書維繫之也同時畢秋帆尚書王蘭泉司
寇翁覃溪閣學錢竹汀宮詹孫淵如觀察亦皆各有
著録自張其軍繼之者則有吳荷屋中丞朱椒堂漕
督葉東卿師劉燕庭方伯吳子苾閣學呂堯仙中丞

張叔未解元俱不靳重值爭出購藏地不愛寶亦往往於頹垣破壁高原古塚之間觸處呈露日出不窮以應好古者之求較之趙宋盛時殆又過之所謂物常聚於所好好之而有力則無不至者也攷趙宋當日西北區用兵之地古器物之出土者恒在齊魯荆楚之間乾嘉以來士大夫所獲古器皆出秦涼境內西北土燥故銘款完善者多此三千年以前古人制作精緻所寓

鬱久而發造物亦不能終秘者余束髮受書即有
嗜古之癖嘗讀前漢書梁孝王寶愛罍尊致身
後猶釀宮庭之釁竊意梁王為竇太后愛子景
帝同母弟也史稱其府庫藏金寶之富過於京師何
獨於一罍尊而篤愛至此豈必是三代法物史臣失略
但以一罍尊名之耳曾舉以質塾師塾師深嗟異
之及長補博士弟子員顧舉業雅非所好古去游

蘊滬從朱青立昂之講六法與黃秋士鞠翁小海雒瞿子冶應紹徐紫珊渭仁交諸君皆以書畫爭鳴獨紫珊兼及金石然已爲專門也至嘉興訪張叔未解元出其收藏相與上下其議論心竊慕之追官江蘇往來大江南北交遊日廣見聞亦漸擴生平所收桓碑彝器法書名畫之屬頗亦不少乃兩遭兵亂散失過半而性之所好終不能恝亂後輒仿燕昭市馬之法羅金

以求初意止望收回散失之物而故家之弃藏有由是而得者轉或出於所望之外不可謂非翰墨緣也迴憶四十年中所蒐羅加以親知所投贈雖不敢自誇爲富抑亦一生心血所積也爰出匳中所藏上自商周下訖五季無款識者不録涉疑似者必汰釐爲十卷屬世好汪巖坡茂才泰基張玉斧上舍璵精以鉤摹二君好學深思能於器之形制篆文不爽毫髮匪直爲觀美也亦藉是

以助攷鏡之資耳自壬戌年罷官以後杜門跧伏專事鉛槧脱稿即授梓人所著尚有古印攷藏十二卷古竟錄三卷閲十年始得卒業剞劂亦竣因思歐劉趙薛洎考古博古所載之器今存於世者百不逮一賴其書尚在後之人按卷流連而所謂雲龍亦變饕餮禁貪斝以戒喧舟以警酒者猶得按其圖制繹其銘文上窺先聖所以鑄器象物仿則垂

憲之深意則所繫亦甚重矣嗚呼嬴秦焚書之
後經文寖失漢儒出於臆度學者多所質證不能
不沿其說即如周書顧命七兵戈之外考工不言其
制鄭氏謂戣瞿爲三鋒矛孔謂戟屬後儒辨
說紛紛莫有定論程易疇瑤田著考工創物小記辨
證戈戟累數萬言阮相國采入
皇清經解而於戣瞿終未明也使易疇當日得見

余所藏之器正可不煩言而自解然則士生今日欲考三代以上之禮數遺文舍古器其奚取證哉昔余於丙辰年著二百蘭亭齋金石記亦止錄家藏之器未幾庚申遭亂已佚其十之二三書版亦燬猶幸印本尚有存者故得重梓入錄夫物有聚必有散再閱百年器之存否不可知而是書或有時而傳也因述生平蒐集之專與患難得失之由著之於篇以視

原父之所記歐趙之所録或亦後先同意也夫

同治十一年壬申秋八月歸安吴雲書於金石壽世之居

兩罍軒彝器圖釋目録卷一

商

冊冊父乙鼎

庚午父乙鼎

立戈父丁彝

父丁彝

虎父戊卣

執爵父癸卣蓋

繇父辛卣蓋

父辛爵

父己爵

# 兩罍軒彝器圖釋目錄卷二

## 商

祖辛觚
父辛觚
手執中觚
魚觚
父已觶
雙爵父辛觶
孫子觶

庚觶
舉丁觶
吳父壬壺

兩罍軒彝器圖釋目録卷三

周

䘵康鐘
郑公牼鐘
伯頵父鼎
臤㠯鼎蓋
魚父己尊

 

臤尊

伯到尊

仲皃彝

兩罍軒彝器圖釋目録卷四

周

齊侯罍

兩罍軒彝器圖釋目録卷五

周

齊侯中罍

兩罍軒彝器圖釋目録卷六

周

庚羆卣

疐卣

師酉敦二器

岑妃敦

封敦

兄光敦

惠敦

伯到敦

史頌敦蓋

仲五父敦蓋

# 兩罍軒彝器圖釋目録卷七

## 周

夒壺

虢季子壺

史僕壺蓋

芮太子簠

魯伯俞簠

曼龔父盨

旅盨蓋

伯春盉

具鬲

齊侯匜

兩罍軒彝器圖釋目録卷八

周

王子申盞蓋

齊侯盤

戣

瞿

齊艮鐱

高陽左戈

朕作矛

農器

## 兩罍軒彝器圖釋目錄卷九

秦

度量

漢

永始鼎

永元洗

董氏洗

黃山鐙
銅鼓二器
錞
刁斗

# 兩罍軒彝器圖釋目録卷十

## 漢

張掖太守虎符
建平弩機
孫旅弩機
大泉五十笵二器

貨泉笵

栔刀泉笵

大布黃千泉笵

陰文五銖泉笵二器

陽文五銖泉笵三器

斗檢封

兩罍軒彝器圖釋目録卷十一

漢

大司馬鉤

虎賁鉤

中藏府從事鉤
軍曲鉤二器
上衛鉤
君宜高官鉤
丙午神鉤
徐豐鉤
高陽鉤
共鉤
萬歲鉤
日利鉤

宜用大吉鉤

保身鉤

至珍鉤

千四鉤

長壽連鉤

陰文長壽鉤

陽文長壽鉤

兩罍軒彝器圖釋目録卷十二

魏

太和銅尉斗

晉

丞邑男虎符

唐

嘉德門巡魚符

凝霄門交魚符

右領軍衛魚符

龜符

孟蜀

韓文範

吳越

金塗銅舍利塔

工部營造尺式半具

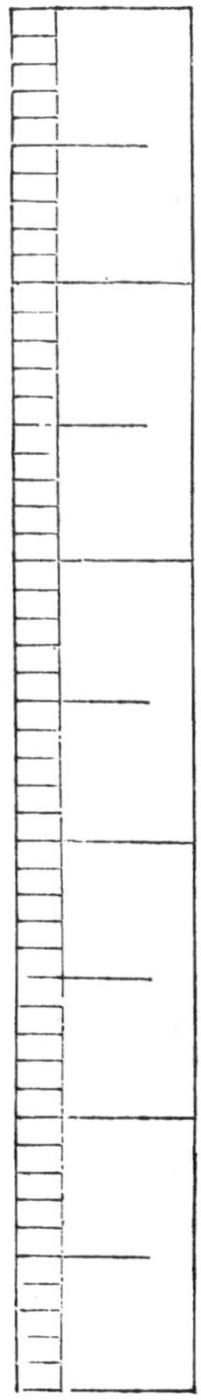

右今工部營造尺式按尺度之制史志所載代有區分云

今攷訂家藏彝器不用古尺而準會典所攽工部營造尺者尊

聖代之制也因思隋志所列十五尺其制已莫可詳攷惟

孔東塘尙任所藏之慮俿建初尺今在衍聖公府中謂即

隋志所列漢官尺十五等之一也翁阮諸先生皆據以定古鐘鼎彝器自可徵信因以營造尺衡之則營造尺當建初尺一尺三寸五分强準此以度量彝器則用今尺仍不戾於古而一代之尺度昭然矣

兩罍軒彝器圖釋卷一

商册册父乙鼎

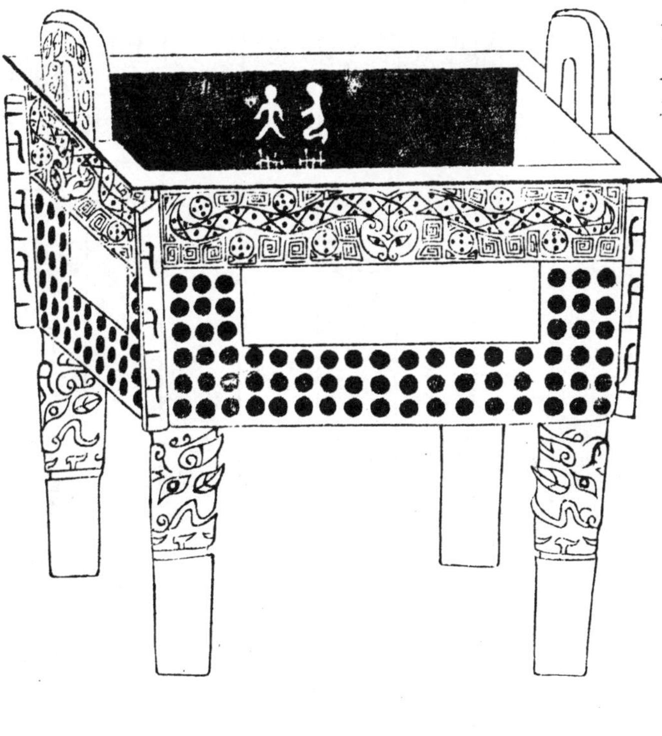

器準工部營造尺通高六寸八分深二寸七分耳高一寸三分前後徑四寸一分左右徑五寸三分足高二寸七分重今庫平八十八兩

子冊
孫冊
父乙

右銘文六字阮文達公釋云子坐孫立作授物狀下作兩冊者紀君命也在禮有爵祿者始爲祭器而爵祿之賜必受冊命故周器銘往往有王呼史冊命某某等語商人尚質但書冊字而已子爲父作則稱父以十干爲名字商人無貴賤皆同不必定爲君也此器舊藏積古齋今在兩罍軒

# 商庚午父乙鼎

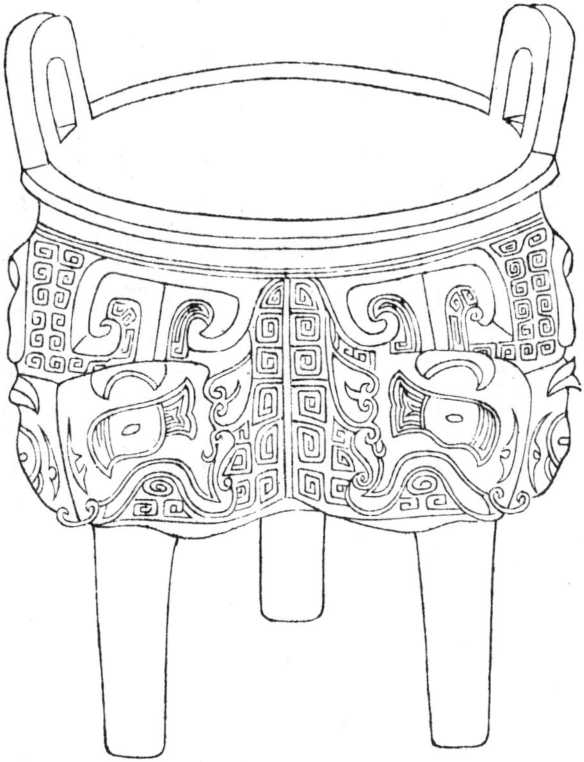

器通高今尺七寸深三寸足高二寸七分耳高一寸二分

口徑四寸九分腹圍一尺六寸七分重今庫平七十四兩

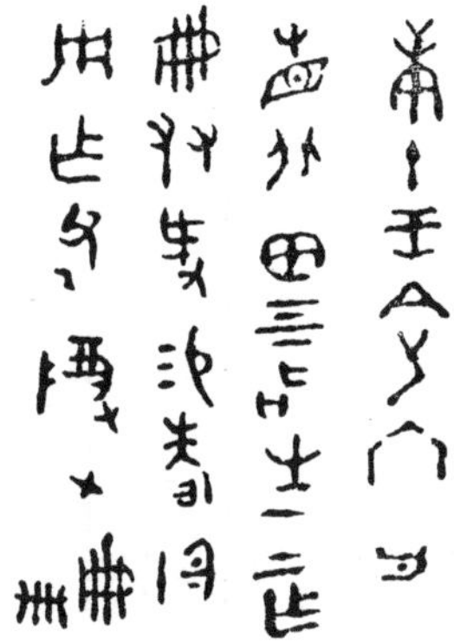

庚午王命□□□
相北田四品之一夕作
冊友史錫賁貝
用作父□尊□冊冊

右庚午父乙鼎銘文三十字與博古圖積古齋及嘯堂集古錄所載略同或當時所鑄不止一器也北田四品以阮釋爲最確

商立戈父丁彝

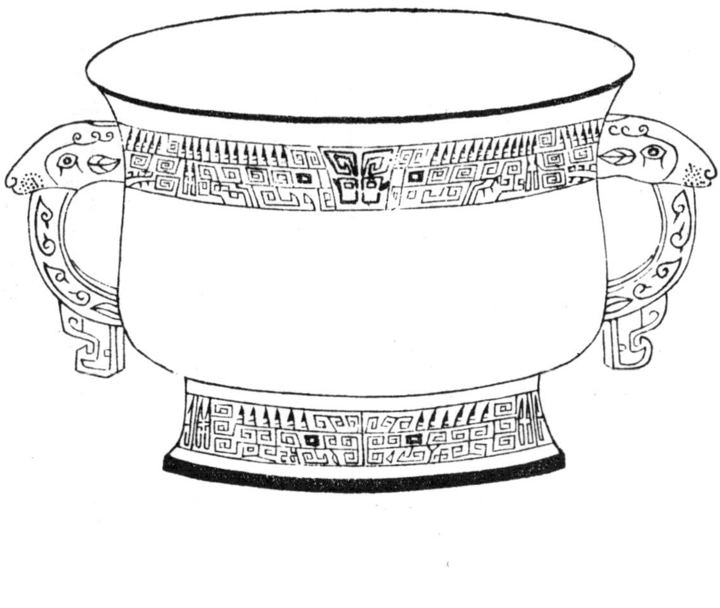

器高今尺四寸一分深三寸二分口徑五寸六分腹徑五寸二分圍一尺六寸二分底徑四寸三分重今庫平五十六兩

立戈形　父丁

右銘文上作立戈形下父丁二字按商人制器多爲物象阮文達公謂立戈以旌功也程易疇瑶田曰古戈字下作巾者乃木柄有根之形

商父丁彝

器高今尺四寸一分深三寸三分口徑六寸三分腹徑六寸一分圍一尺八寸底徑四寸二分重今庫平八十六兩

父丁

右器銘可識者父丁二字餘爲銅綠所掩

商虎父戊卣

器橢圜有蓋通高今尺八寸三分合提梁至底九寸三分深四寸八分器口前後徑三寸九分左右徑五寸腹前後徑四寸九分左右徑六寸五分圍一尺八寸二分底前後徑四寸三分左右徑五寸四分重今庫平一百二十四兩蓋重三十四兩

蓋釋同

虎形

子作父戊

尊彝

右器向爲阮文達公所藏銘文器蓋各七字載積古齋鐘鼎款識通體純翠如瓜皮瑩潤欲滴器蓋並著饕餮間以夔狀嵌黃金爲飾鑄冶之工形制之古眞商器中罕見之品也

商執爵父癸卣蓋

蓋高今尺二寸九分口前後徑二寸二分左右徑三寸二分重今庫平十五兩

手執爵形　父癸

右手執爵父癸銘三字按古人制器象物皆寓深意或執木或執戈或執戟執刀與此器之執爵各有其事而執焉禮曰如執玉如奉盈如弗勝如將失之執之爲義蓋有謹持弗失之意所以示敬也

商繇父辛卣蓋

蓋高今尺二寸口徑前後二寸左右二寸四分重今庫平五兩

䜌父辛
卯□

右銘文五字上一字象三合形下作□三垂形此與祖乙卣□字相近按說文䜌古文作□亂也一曰治也一曰不絕也段氏謂與𤔔部之𤔔乙部之亂音義皆同又說文𤔔治也幺子相亂𤔔治之也段氏謂幺子謂□亂當作爭謂冂也冂音扃介也彼此分介則爭鬥部云兒善訟者也又說文亂不治也從乙𤔔（𤔔字據段補）乙治之也此轉注之法乃訓亂爲治此篆作□三垂形所以象絲作三合形所以繫絲亦當釋作䜌說文𤔔字會意亂字轉注䜌意從冂從幺亦兼象形說文冂象遠介也□古文糸細絲也象束絲之形𤔔乙治絲之事冂亼或象治絲之器歟此䜌字當是作

器者之名卝說文凡物無乳者卵生禮記內則有卵鹽又有濡魚卵醬實蓼注讀爲鯤謂魚子此器或亦薦饗所用末一字不可識或釋爲卧矢形

# 商父辛爵

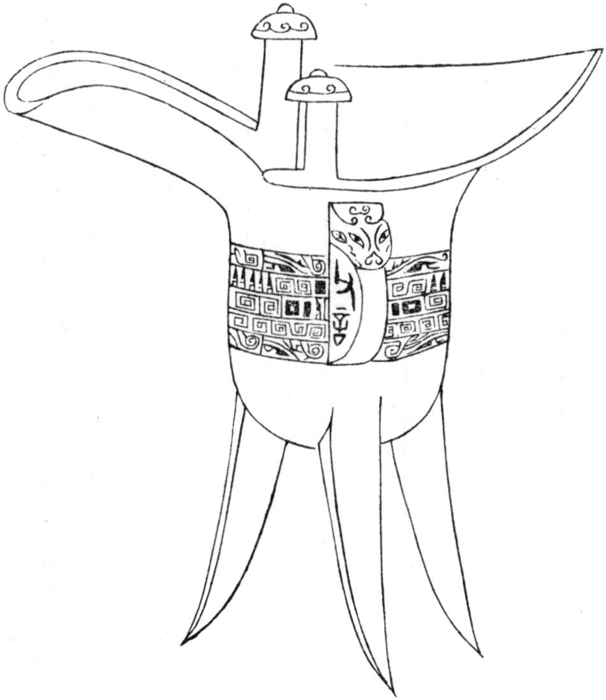

器通高今尺六寸深二寸七分耳高一寸二分足高二寸三分流前後徑七寸六分左右徑二寸三分重今庫平二十三兩

父辛

右銘文二十一字與阮氏積古齋所錄字體小異

商父己爵

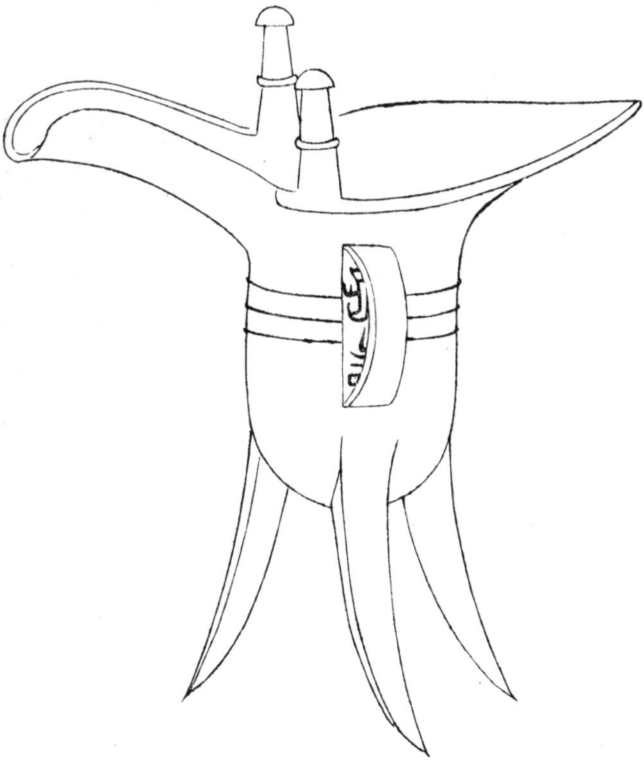

器通高今尺六寸九分深二寸九分耳高一寸四分足高二寸八分流前後徑六寸五分左右徑二寸二分重今庫平二十五兩四錢

子父己

右父己爵純素無華文在鋬內舊爲張未未所藏阮徐籀莊同柏釋爲燕字云是古燕飲之器張未未謂象子形脇脊指趾皆具尤子孫象形文中所罕見者

兩罍軒彝器圖釋卷二

商祖辛觚

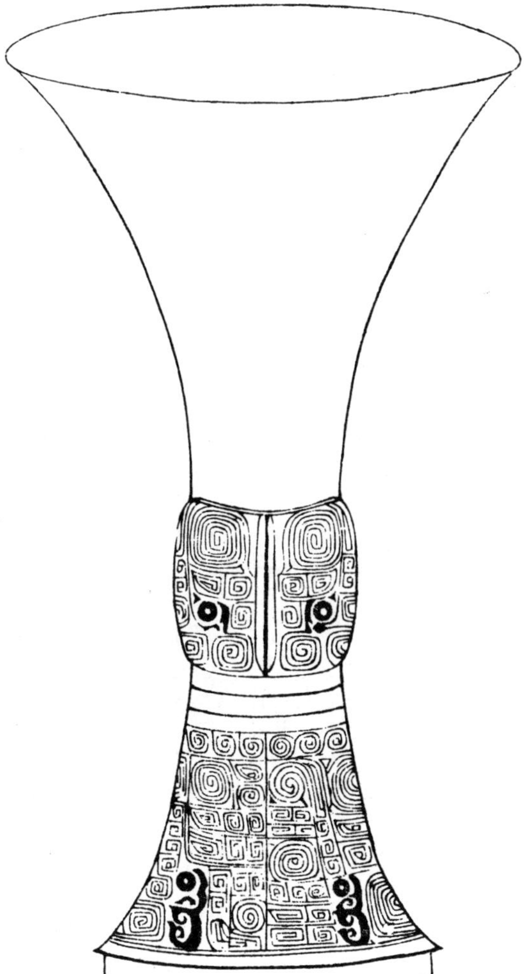

器高今尺七寸四分深四寸九分口徑四寸一分腹徑一寸四分腹圍四寸四分底徑二寸五分重今庫平二十七兩八錢

祖辛

右祖辛觚銘二字

# 商父辛觚

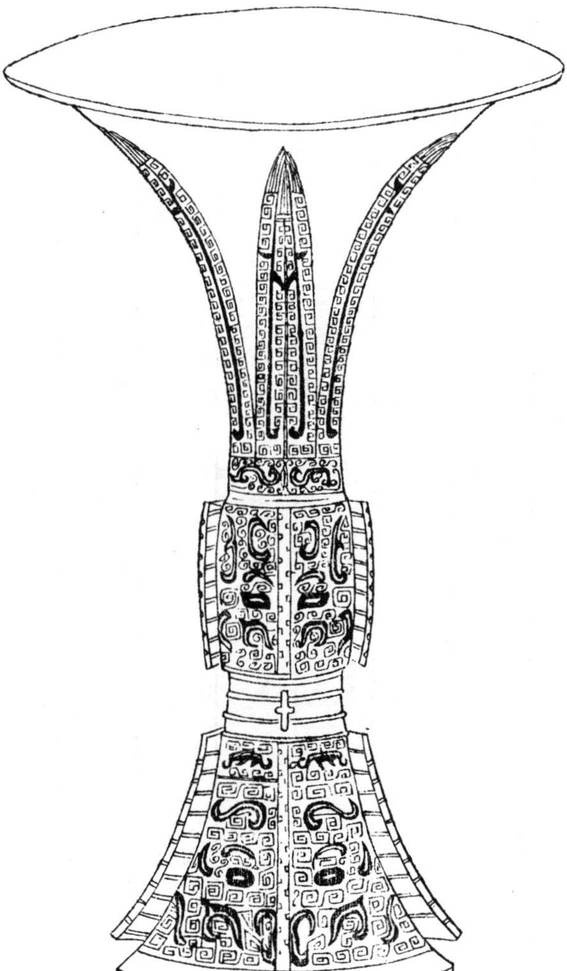

束

父辛

右銘文與阮氏鐘鼎款識柬彝相似彼篆作□江秋史侍御釋柬爲東阮氏云據拓本東中有點釋爲柬柬字有作東者見汗簡所引義雲章柬字從東知古柬作東也柬練之省禮曾子問云主人練祭而不旅此曰柬彝是練祭之器云按此觚篆文□中無二點當釋爲東癸丑兵亂器遺失廣陵城中茲從舊拓本橅入輕重尺寸失記

# 商手執中觚

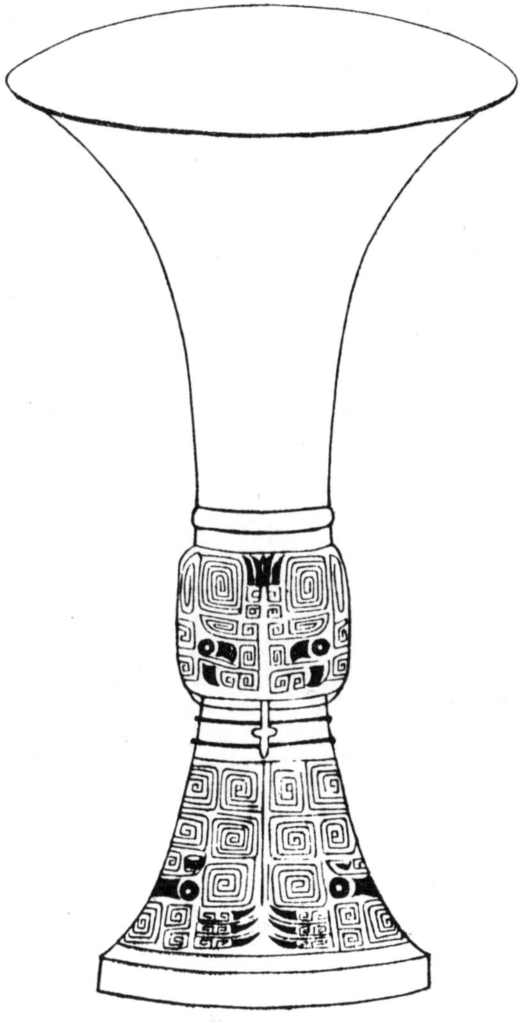

器高今尺六寸九分深四寸三分口徑四寸腹徑一寸六分腹圍四寸五分底徑二寸五分重今庫平二十九兩

手執中形

右銘文與阮氏所藏手執中觚正同阮氏釋云中射禮所用以實算者儀禮大射儀賓之弓矢與中籌豐鄭注中閭中算器也鄉射禮君國中射則皮樹中於郊則閭中於竟則虎中大夫兕中士鹿中禮投壺司射奉中疏云中之形刻木爲之狀如兕鹿而伏背上立圓圈以盛算此銘中字旁有旌斿是兕鹿背上所立之圓圈形凹其上以受算以手執之奉中之義此觚其射禮所用者歟案阮氏所藏器銘陽文中旁有旌斿形雲所藏器銘陰文中旁無旌斿形爲小異耳

商魚觚

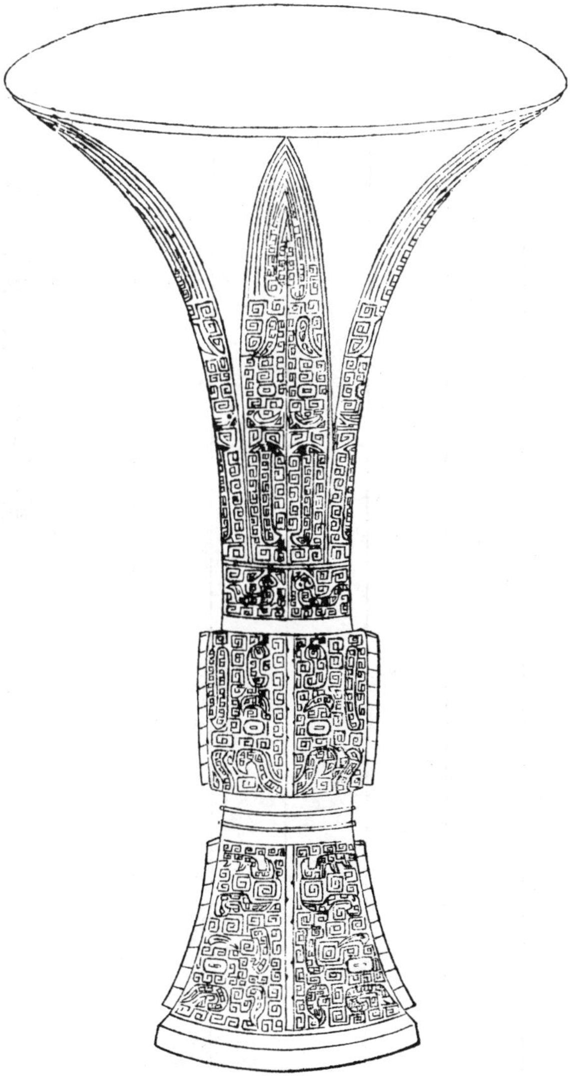

器高今尺一尺五分深七寸五分口徑五寸七分底徑二寸九分重今庫平三十八兩

右魚觚銘按積古齋及山左金石志載有鷄彝其篆文與此正同彝蓋頂作鷄形故名雞彝審刻本篆文稚弱無古勁氣較此似遜銘字未識因下一字似魚形姑名魚觚

商父己觶

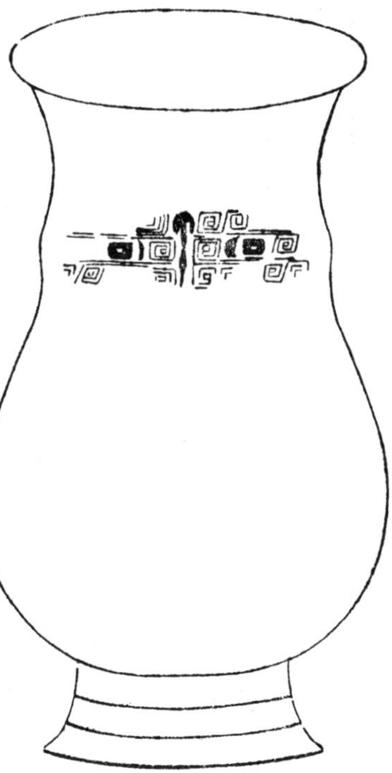

器高今尺四寸深三寸四分口徑前後一寸九分左右徑二寸一分腹前後徑一寸八分左右徑二寸一分腹圍五寸八分底前後徑一寸七分左右徑一寸九分重今庫平八兩

子父己

右銘文三字積古齋款識有孫祖已觶孫篆作或釋作子阮氏云器爲祖作當釋作孫此器或釋作孫依阮氏義例亦當釋作子

商雙爵父辛觶

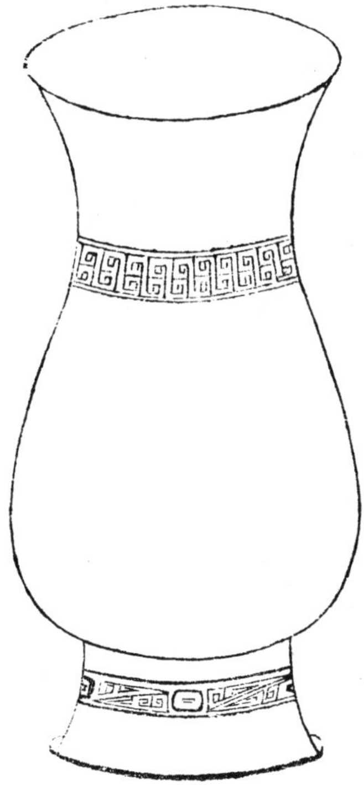

器高今尺四寸五分徑二寸深三寸七分口徑前後二寸左右二寸一分腹前後二寸一分左右二寸二分腹圍七寸一分底前後一寸五分左右一寸六分重今庫平七兩八錢

雙爵形　父辛

右雙爵父辛觶上作二廏形下父辛二字二爵形者禮祭統酢必易爵明夫婦之别作二廏取夫婦相酢之禮

# 商孫子觶

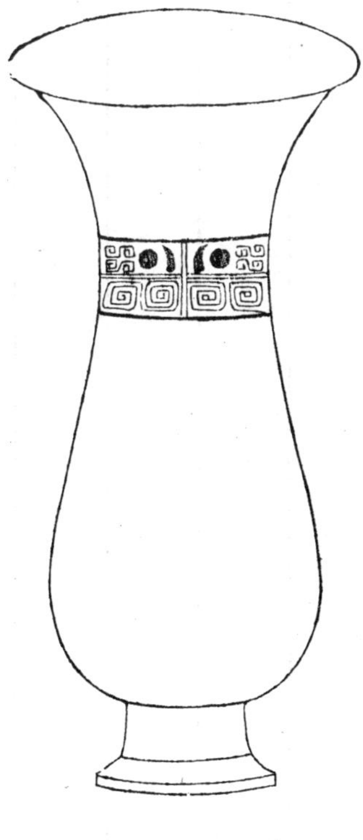

孫子

右孫子觶銘二字此器並後二器均於癸丑春遺沒廣陵城中茲從拓本摹入輕重尺寸皆失記

商庚觶

庚

右庚觶銘一字阮文達公曰庚字與薛氏款識商庚鼎庚字同有庚庚垂實之象不覩此文安識叔重説文之義

# 商舉丁觶

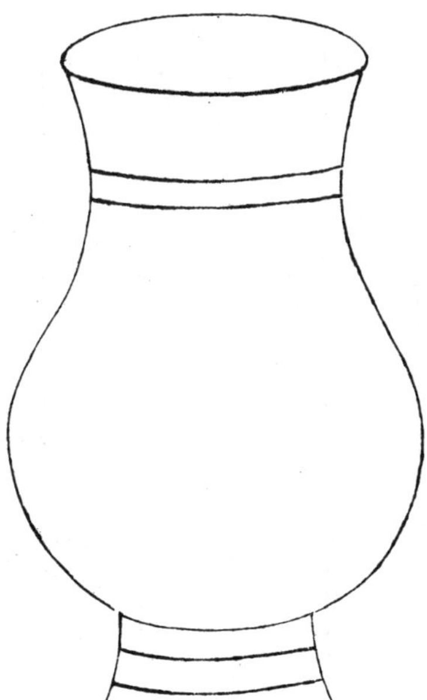

舉丁

右舉丁觶銘二字按〓舊皆釋爲舉宣和博古圖謂舉之爲字有以手致而與人之意爵觶皆酒器也因獻酬而舉之故銘其器曰舉又引杜蕢洗而揚觶以飲平公謂之杜舉殊爲精確積古齋款識釋爲舉字亦詳〓讀舉當無異義近在暨陽見陳以和式金處藏金石搨本有徐問渠楙釋〓字一條謂鼎字章草〓形似〓草書在眞書前其意尤近古篆此〓字蓋草篆也如斤字草作〓近篆〓與作〓近与出作〓近〓爾作尔近〓介作〓近〓侯作〓近〓我作〓近古文〓罔作〓近网他作〓近〓老孝之首作〓〓近〓如此者不一而足云云充此類以釋金石文

字頗足啓發心思故並錄之

# 商吳父壬壺

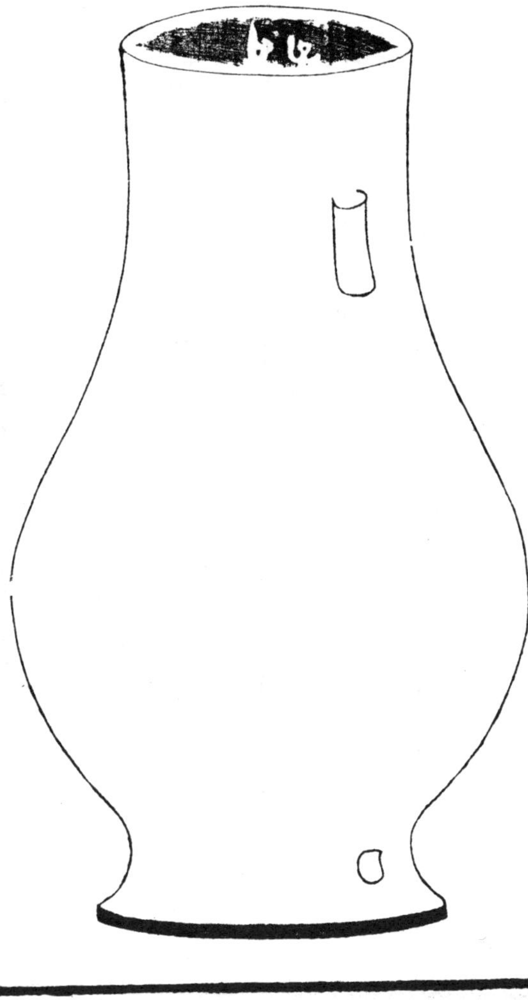

器高今尺一尺一寸深九寸九分口徑二寸八分腹徑四寸七分圍一尺四寸四分底徑三寸四分重今庫平八十八兩

吳父作
父壬寶壺

右銘文七字吳其姓也吳父如瞿父單父之類子爲父作則稱父商人以十干爲名字無分貴賤皆同父壬如父丁父甲之類壺酒之下尊也商人尚質故制器渾樸不假琢飾壬字泐痕銅綠未剔非畫中斷或曰吳古虞字當讀爲虞余按吳越春秋曰古公三子長曰太伯次曰仲雍一名虞仲少曰季歷季歷生子昌古公欲傳國以及昌曰興王者其在昌乎太伯仲雍望風知指古公病二人託名採藥於衡山遂之荆蠻國民君事之號爲句吳後遂以爲氏太伯之奔荆蠻距周尚有百餘年吳字之見於商器當在商末不必定作虞字讀也說文吳姓也一曰大言也注大言

故矢口以幽聲阮氏鐘鼎款識有吳禾彝篆作文與此器

字形正同

兩罍軒彝器圖釋卷三

周祿康鐘

器高今尺七寸四分甬長三寸徑八分兩舞相距三寸三分横二寸七分兩銑相距四寸九分横二寸八分枚三十六各長三分重今庫平六十七兩

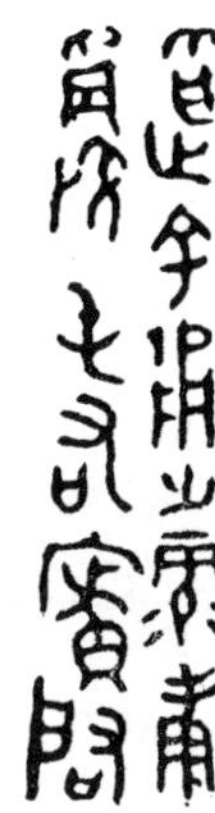

受作余服之彔康
甬宏屯右寅啓

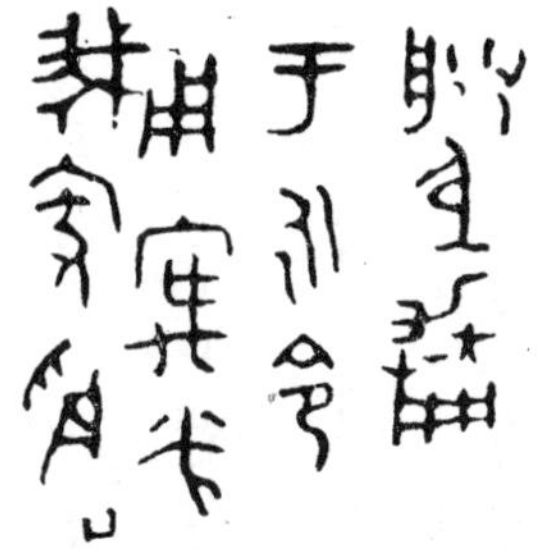

朕身龢
于永命
用寓光
我家受

右祿康鐘銘二十五字舊藏積古齋釋云是棧鐘也銘扗鉦間及鼓右古文受作[illegible]此銘受字乃作器者名首一字省作[illegible]末一字省作[illegible]可知古文唯變所適也甬古鐘字見薛氏款識商鐘銘說文鐘字或从甬作銿據此知古文省金作甬也屯純之省屯寅身三字皆末句爲韵之字此鐘銘與翁氏所藏寶林鐘辭意相類寅龢等字俱與彼鐘互較得之也

# 周邾公牼鐘

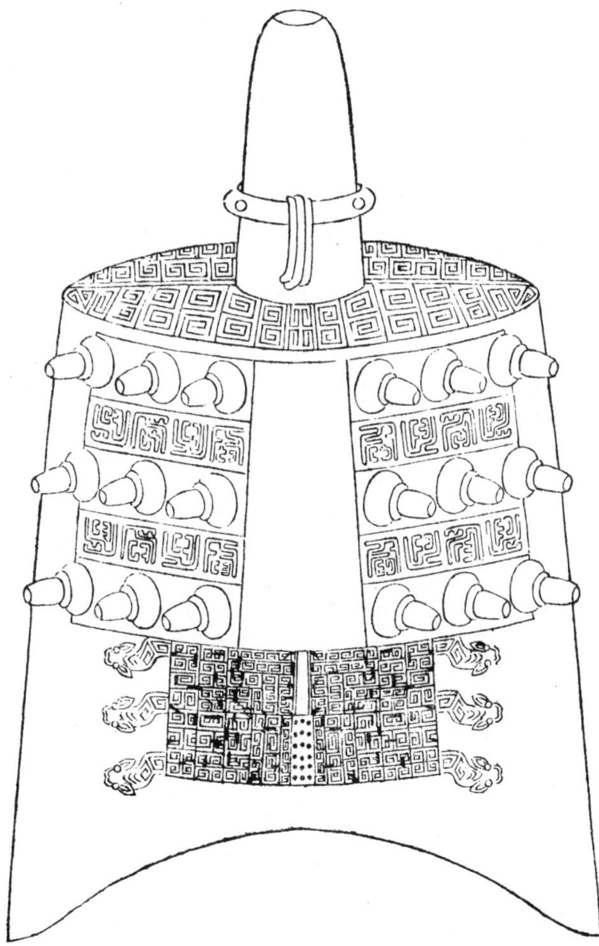

器通高今尺一尺甬長四寸四分兩舞相距六寸橫四寸
八分兩銑相距七寸八分重今庫平三百八十四兩

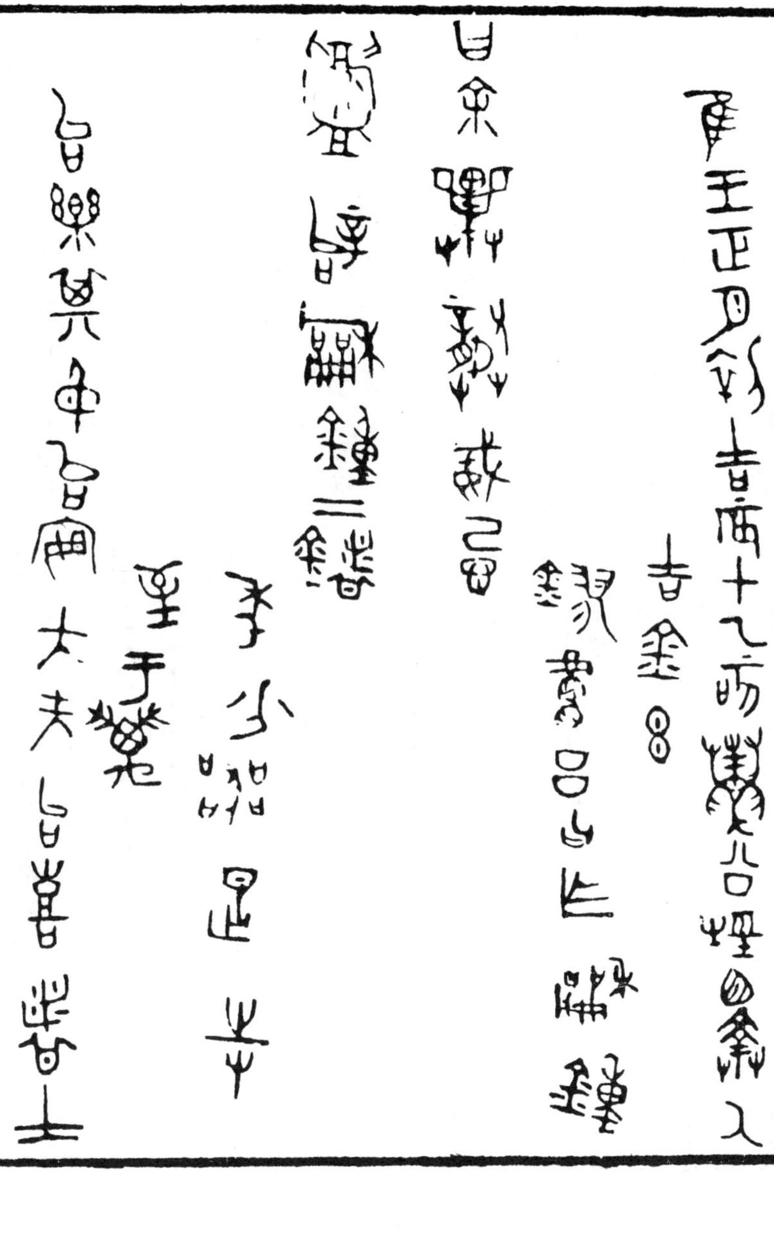

惟王正月初吉辰在乙亥邾公牼擇乃

吉金元

鏐膚呂自作龢鐘

曰余畢龔威忌

鑄辟龢鐘二鍺

以樂其身以宴大夫以喜諸士

至于萬

年分器是寺

銘文首一行末一行均截作兩行

右邾公牼鐘銘文五十七字舊藏蘇州曹氏懷米山房與河間紀文達公所藏之周公牼鐘儀徵阮文達公所藏之周公望鐘當爲同時一家之器[illegible]莊進士述祖釋爲邾阮氏從程易疇釋定爲周字羼說文訓爲引給義與擇字異鏐說文黃金之美者郭璞注爾雅以爲紫磨金錯即鋁也膂呂錯鋁之省文畏龔猶寅恭威忌猶敬忌鍺堵之異文懸鐘磬半爲堵也屯純之省者古諸字諸士即多士也分器者分所當作之器書序武王班宗彝作分器孔傳云言諸侯尊卑各有分也寺持之省何子貞太史云[illegible]古文秦字畏龔威忌事見史記秦本紀應定爲秦字 雲 按蘇州兗

福寺舊有古鐘銘文與此鐘正同而形制小異咸豐初年爲人盜賣馮林一宮允購獲之屬雲攷釋其文當曰與翁叔均辨證[illegible]字攷說文鼄䵶鼄也从黽朱聲或从虫顓頊之後封邾後爲楚滅子孫去邑爲朱朱即邾也朱古文朱[illegible]籀文黽倉聖作書依類象形[illegible]字正象鼄形似以釋邾爲安今子貞太史釋爲秦字又引秦本紀弗忌威壘爲證尤有依據並錄之以俟參攷

周伯頵父鼎

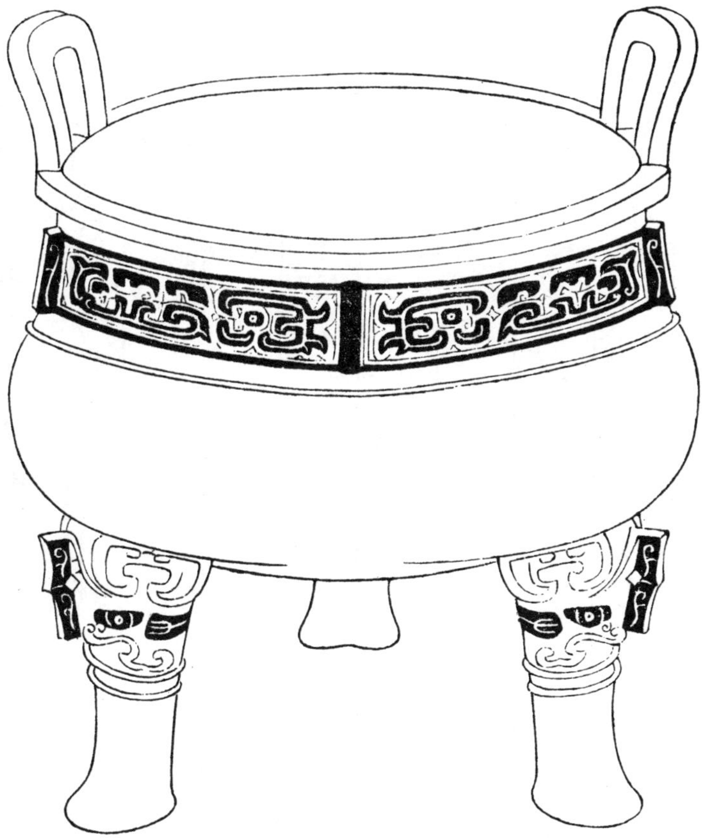

器通高今尺一尺九分深五寸四分耳高二寸一分足高三寸七分口徑一尺重今庫平三百二十兩

伯顝父作賸
皇考辟伯吳姬
寶鼎其萬秊
子=孫=永寶用

右伯頵父鼎銘二十三字舊爲蘇州曹秋舫載奎所藏亂後與齊侯罍同日歸於余齋

周㲻㽙鼎蓋

蓋高今尺一寸九分徑六寸九分重今庫平三十六兩

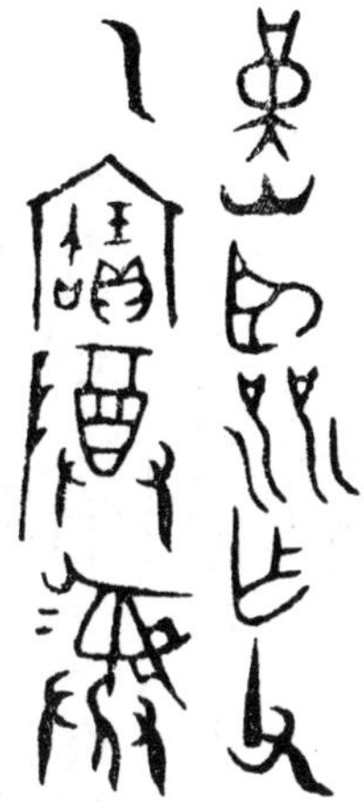

堇山臤𦉢作父
乙寶尊彝

右敃喌鼎蓋舊藏積古齋定爲商器文曰堇山敃喌佀父乙寶尊彝阮氏云堇山地不可攷或釋作衡說文古衡字佀奧形與此相近說文解喌字云呼雞重言之从吅州聲讀若祝列僊傳有祝雞公說文又云祝一曰从兌省易曰兌爲口爲巫此則二口之下作四直形而不佀州字有从兌遺意較从州得聲爲更古說文解巫字云祝也王逸楚辭注男巫曰祝禮曲禮商官六大有祝無巫知商人尊神巫祝合爲一職也作器者古銘或係吕國或係吕氏無稱山此曰堇山敃喌意古巫每居山蓋巫通鬼神山爲積高神明之區神巫所遊水經注巫咸山亦吕巫得名此名堇

山臤視必神巫也雲按吳當釋堇說文𡎸从土从黃省校此省一土字又說文衡字从角从大古文作奧與此吳字不相侶孜越絶書薛燭對句踐有赤堇之山破而出錫若耶之谿涸而出銅歐冶因天地之精神盡其伎巧又曰今赤堇之山已合若耶之溪深而不測羣神不下歐冶卽殁等語是堇山當卽赤堇之山省文蓋赤堇之山稱爲堇山猶茅君之山稱爲茅山古載籍中如此類者甚多又按若耶谿見寰宇記扗會稽縣東二十八里堇山當卽扗此吳越俗尚鬼神如巫山巫里見之越絶書皆因巫得名阮氏謂臤視必神巫證㠯越地益足有據

周魚父己尊

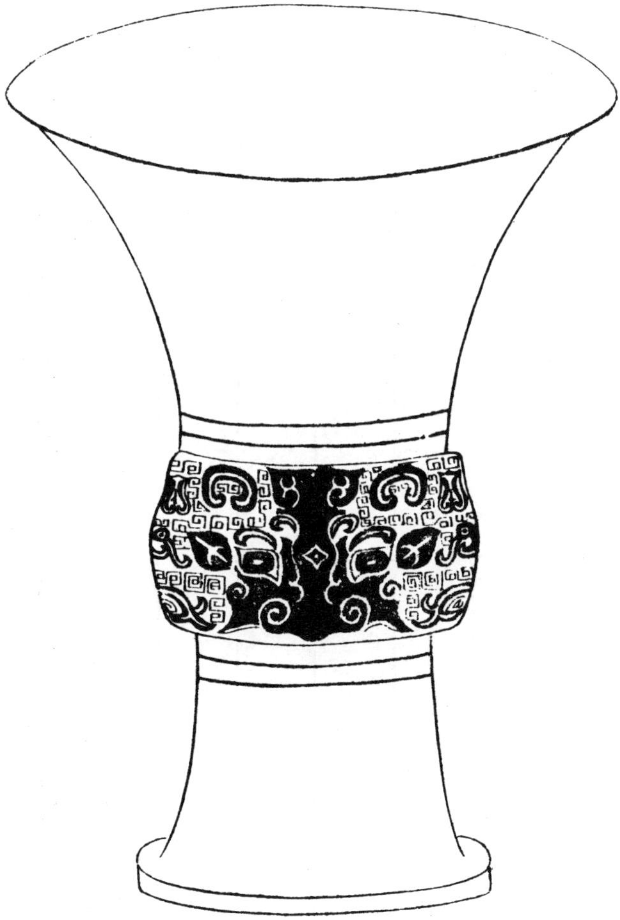

器高今尺七寸三分深五寸五分口徑五寸七分腹徑三寸八分圍一尺一寸底徑四寸重今庫平七十兩

魚作父己
寶尊彝

右銘文與鷹父癸彝相似弟一字象魚形作器者之名商器如蠆鼎之博古圖謂思患預防徵物取戒薛氏謂左傳有公孫蠆鄭子蠆名也或云為子蠆所作又如兕卣兕父鼎並象兕龍爵象龍又月魚基鼎作魚形謂季冬薦魚春獻鮪者以其時為薦獻又有鮮鼎亦作魚形薛氏謂治大國若烹小鮮為義諸器皆一字唯鷹父癸彝有父癸二字此器有作父已寶尊彝凡七字周尊也魚形當即是魚字

# 周臤尊

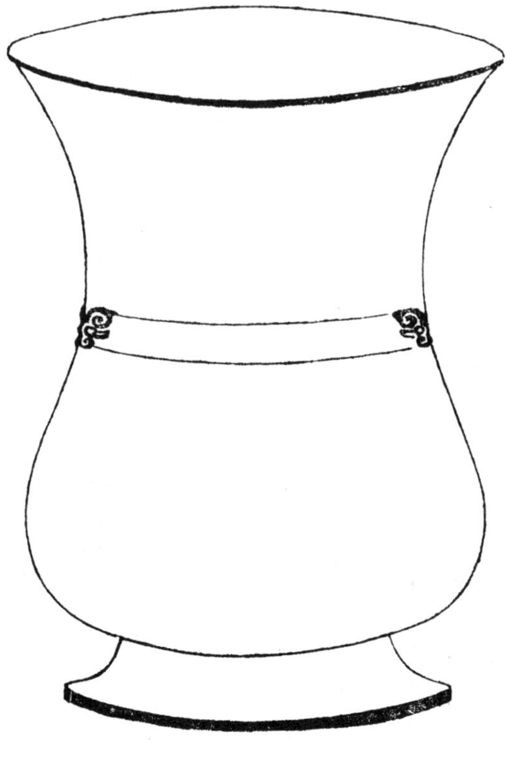

器高今尺五寸五分口徑五寸一分深四寸八分腹圍一尺三寸五分底徑四寸重今庫平三十六兩

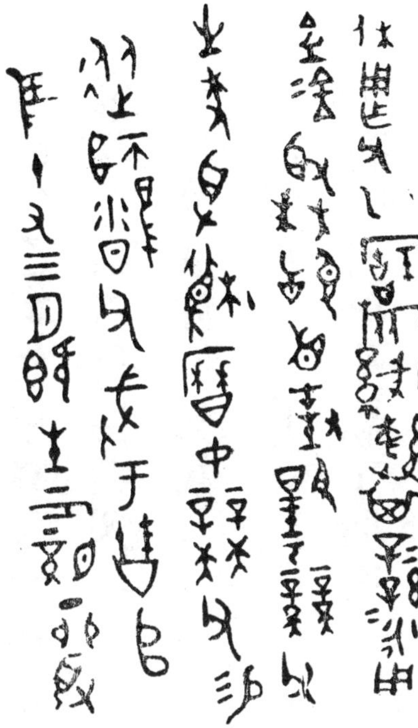

唯十有三月既生霸丁卯敃
從師滑父戍于公阜
之年敃蔑曆仲業父錫
□金敃拜稽首對揚業父
休用作父乙寶旅車彝其子=孫=永用

右㪣尊舊藏積古齋銘曰惟十有三月阮氏謂十有三月者董逌所謂自王卽位踰數其月蓋昔君未改年也吳侃叔目爲師滑父屯戍𨑳外未聞王朝放朔故目今歲之月係于去年之下師下一字从沓从骨侃叔釋伀滑字㪣堅也字見說文𦕈古業字亦見說文師滑父及仲業父皆當昔軍師㪣其僚屬故受錫金而伀器也公阜見晏子春秋蓋齊地

周伯到尊

器高今尺四寸七分深四寸一分口徑前後一寸九分左右徑二寸二分腹徑前後二寸五分左右徑二寸八分底前後徑一寸七分左右徑二寸重今庫平三十五兩

伯到作
寶尊彝

右器銘曰伯到作寶尊彝 云 按春秋時有伯宗伯州犁又

按楚有令尹屈到此伯到當是作器者之名

周仲㒄彝

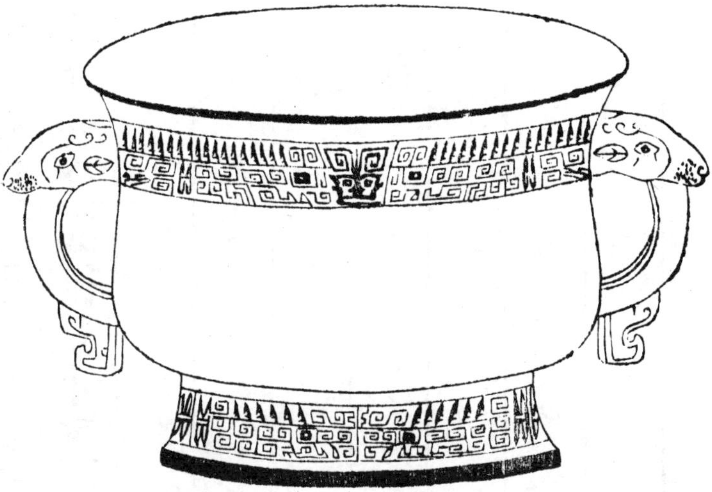

器高今尺四寸六分深三寸五分口徑六寸三分腹徑五寸九分圍一尺八寸五分底徑五寸重今庫平七十二兩

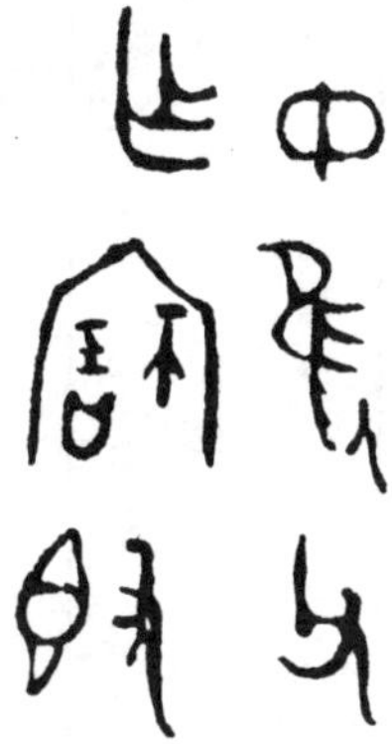

仲㒟父
作寶敦

右仲鳧父彝銘六字□積古齋釋作雝吳侃叔釋作雝謂雍雝古通恐即仲雍之器張尗未吕从鳥从几釋爲鳧較確今從其說

周齊侯罍

器高今尺一尺二分深八寸七分底徑五寸八分腹圍二
尺二寸腹徑六寸七分口徑四寸三分鐶徑二寸七分重
今庫平一百六十兩左右饕餮銜鐶

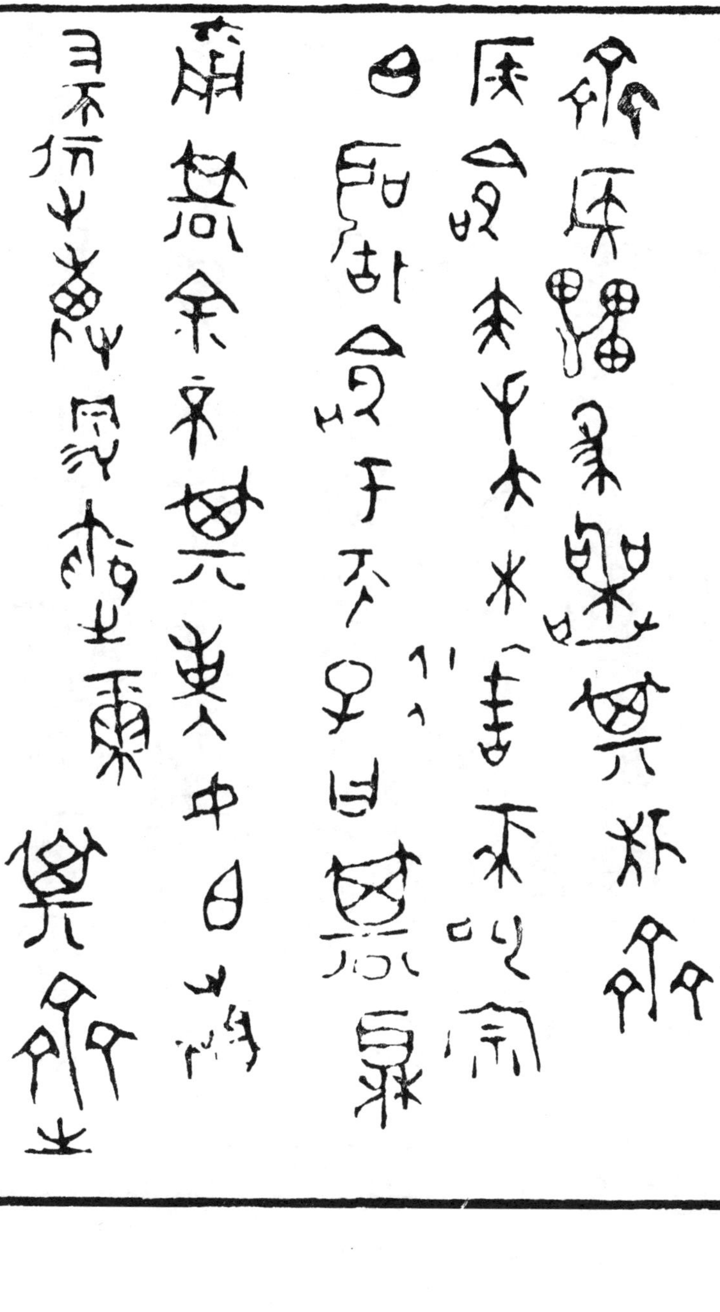

齊侯罍

二

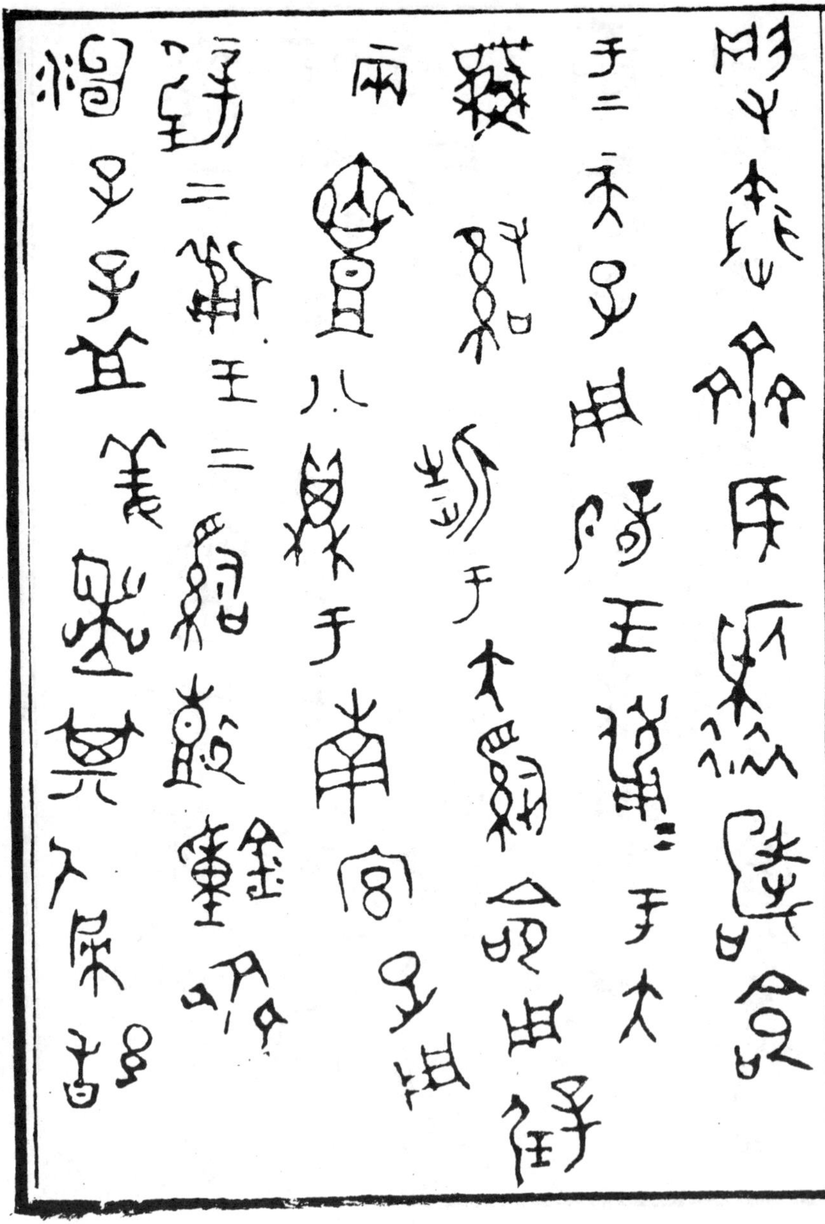

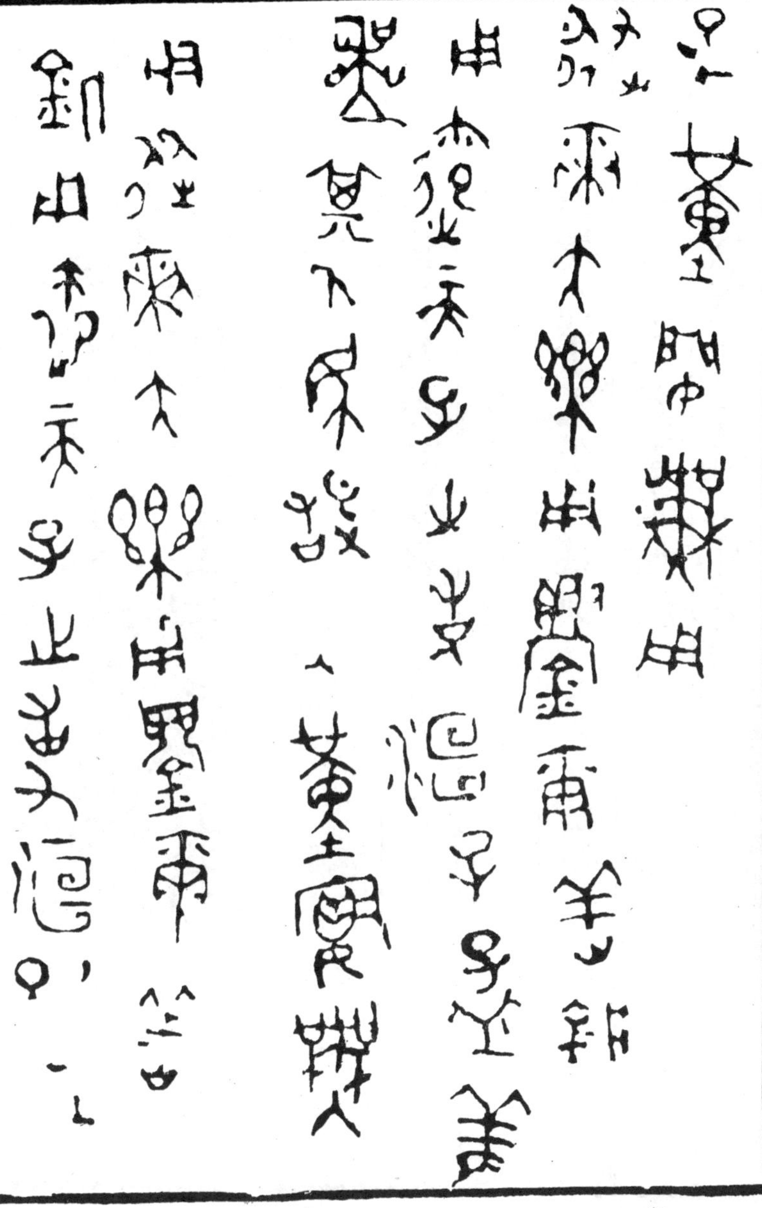

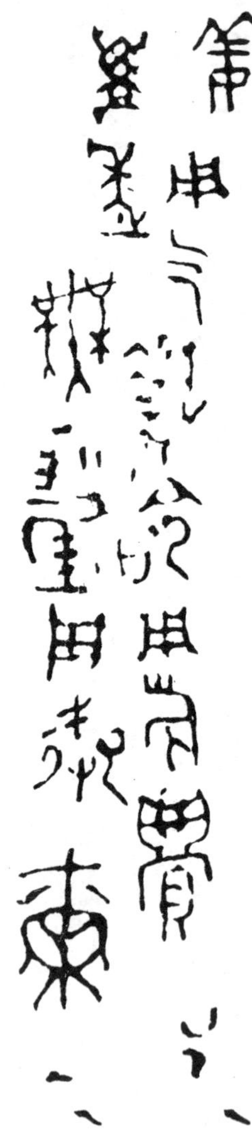

齊侯罍爲器其旅齊
侯命太子立樂週桼昀宗
白聽命于天子曰碁則
爾碁余不其事女伯□□
帚悊惠受御爾其齊土

受奉齊侯拜嘉命

于天子用璧玉備玉大

舞紹斲于大嗣命用璧

兩壺八鼎于南宮子用

璧玉二備玉二紹鼓鐘齊

洹子孟姜器其入棄都

邑蓳釁舞用

從爾大樂用鑄爾羞釿

用御天子之吏洹子孟姜

器其入棄都邑蓳釁舞

用從爾大樂用鑄爾羞
鈚用御天子之吏洹□□
姜用乞嘉命用祈眉壽
萬年無疆用御爾事

右齊侯罍銘文一百六十餘字器舊藏阮氏積古齋陳頌南慶鏞釋之曰此器葢齊侯朝于王王爲立樂因報聘于齊陳氏爲作韶樂祭於廟以迎天子之賓而行饗禮之事也𤳳或釋作瓲壁中書古文仲瓲作中𤳳謂齊侯名今案器爲桓子作下稱桓子不應于其臣稱謚而于其君稱名仍釋爲罍首言齊侯者紀齊侯事也言爲器者明此罍之爲器也旅卽旅館之旅易曰旅于處其旅齊侯者言致旅館于齊侯也大篆作□余舊釋爲支今案曹氏藏器作大定爲大字大子者周王太子也因齊侯來朝周王命太子立樂以饗之也立篆文作□似大字案師毛敢位作□

古孝經亦作大與此同古位立通定爲立字週或釋作割或釋作適皆非案宰辟敔周作[illegible]此文左從辵右從周與敔同定爲週字週調通詩惄如調飢韓詩作惄如輖飢易林作惄如周飢調可通輖周亦可通週桼古文作桼此作𣎵形相若定爲桼字古叚桼爲七古文尚書在治今文尚書作七始亦作桼政太元經運諸桼政是其證史記夏本紀又作來始索隱云今文尚書作采政案來采皆桼之譌漢隸桼作求段氏懋堂曰桼與來之變體作来絕相類故轉寫作來而小司馬引今文作采不云作來者蓋是時承嘉之亂歐陽夏侯書說已亡其經文尚存者惟蔡邕所勒

之石經而已石經作来與新莽候鉦銘字同韓勑碑作淶故小

司馬不辨爲七字直仍爲采字其實来譌來而來又譌采

也觀此器之𠀠與來采二字直相似來采篆作來采可以知致誤

之由矣昀從口從匀甚明白檢字書無此字說文有訇字

從言從匀省籀文𧦝不省鐘鼎文有訇字從吾气儀徵師

曰吾字界乎言音之間音字本出于言而含一耳竊謂從

口與從言從音同意昀訇訇皆無別乃韻之正字而昀尤

古昀古文也訇籀文也訇篆文也韵乃昀之或體均乃其

叚俗字而從員之韻直俗字而已鄭司農周禮注云均調

也樂師主調其音國語樂所以立均皆叚均爲昀立樂調

柰昀者周王命太子立大樂調七始之均也伯作白孝經援神契伯者白也御覽封建部三宗伯典禮而兼樂者故爲齊侯聽命于天子碁朞同孟姜盥匜朞正作碁說文朞忌也引周書上不朞于凶德案碁音近異亦近怡堯典曰异哉陸德明經典釋文引徐云鄭音異孔王音怡異則驚異之詞而怡即怡悅之意也碁當兼此二義故云碁則爾碁不其即丕基不丕其基皆古今字余不其言余受此丕基也帚歸之省悊爲哲說文哲知也或文作悊漢書五行志引書作知人則悊帚悊惠者言歸于齊能哲而惠也邦古文作𤰈審篆文作㞢下摩滅尚存其半當是邦字受御爾其齊

邦者御即御于家邦之御言受御于齊之邦也自甚則爾甚至此皆天子命宗伯使告齊侯之冐也于是齊侯歸拜宗伯所傳之命于天子用璧玉備玉者受命于朝行拜嘉之禮璧禮神之玉備玉副玉也周禮太宰祀五帝贊玉幣爵之事大神示亦如之鄭注云玉所以祀神璧本爲祀星辰之玉據下司命爲星類故用璧鄭司農解璧爲玉之邸注四圭有邸云于中央爲璧圭著其四面一玉俱成爾雅邸本也圭本箸於四面圭末四出注兩圭有邸云僢而同邸注圭璧云圭璧者圭其邸爲璧是璧即邸也然璧天象也祀天則四圭邸璧琮地象也祀地必兩圭邸琮日月星

辰天類也當一圭邸璧山川地類也當一圭邸琮司命之璧從星辰故用璧一既有璧玉何以復用備玉禮神祀神皆有玉或謂周禮大宗伯以青圭禮東方以赤璋禮南方以白琥禮西方以元璜禮北方似四方有禮玉無祀玉典瑞圭璧以祀日月星辰璋邸射以祀山川似日月星辰山川有祀玉無禮玉鄭氏謂祀以禮其神祀之即所以禮之於義或然然大司樂言樂六變八變然後神示可得而禮又言歌黃鐘太蔟之類以祀天神地示是禮神固在降神之後而祀神又扗禮神之後二儀有先後則有禮玉當有祀玉周禮於宗伯言禮於典瑞言祀互文見義也禮神之

玉植其玉于神位之前書所謂植璧也詩言圭璧既卒亦是祀神之玉秉而獻之書所謂秉圭也月令祀用圭璧亦是禮玉燔瘞而祀玉則𤱶存故云備也諸侯祀司命與天子祀星辰隆殺不同而其用玉當從同紹儀徵師釋作韶最確釋曰銘中大樂凡三見舞字凡兩見又有鼓鐘字此是以樂舞御天子之事而爲此器銘也紹即韶字陳敬仲奔齊韶樂在焉謂紹爲韶者舜樂之韶以召爲聲以音爲義此後造之字也若其先本字但當爲紹紹故禮記樂記曰韶繼也鄭康成曰韶之言繼也此記樂者直破韶字爲紹字而以繼訓之故韶聲皆後造之字招字直假借而已自注云紹從糸說文系古文從系檢鐘鼎文司字[illegible]旁皆作中無作巾者又云韶訓紹見于春秋元命苞皇侃論語疏諸處者甚多大舞者周禮大司樂教雲門諸舞爲大舞樂師教帗舞諸舞爲小舞九磬舜樂爲大舞斮說文斮籀文作斮篆文作折通爲誓

士師五戒一曰誓陳氏用之曰誓者告以言也司命列六宗據鄭氏尚書說亦五祀之一鄭司農注周禮司中司命云司中三能三階也司命文昌宮星賈疏引武陵太守星傳云三台一名天柱上台司命爲太尉中台司中爲司徒下台司祿爲司空又文昌宮第四曰司命第五曰司中二文皆有司中司命據祭法諸侯立五祀一司命大夫立三祀無司命或疑曲禮王制皆言大夫祭五祀然曲禮五祀戶竈中霤門行據鄭說不及司命王制雖有司命爲殷制亦據鄭說非周制此司命自是齊之大司命觀上文用大舞陳氏大夫無大舞亦無大司命知此爲齊侯歸誓于大司命器銘葢連

敘之也又案肆師之職立大祀用玉帛次祀小祀皆不用玉帛鄭注小祀司命已下似司命無用玉之文錢君大昭曰司命有二楚詞有大司命少司命星經云在虛北史記封禪書云荆巫祠司命說文祀下云以豚祠司命漢律曰祠祀司命皆少司命也少司命不用璧大司命則用璧風俗通謹案詩云芃芃棫樸薪之槱之周禮以槱燎祀司中司命司命文昌也是爲大司命觀詩下言左右奉璋則是用璧之證肆師所言不用玉自指常祀言之若國有大祀司命兆于南郊據鄭注且用槱燎何況圭璧余初疑誓爲誓師之意如左傳文十二季秦伯以璧祈戰于河是其例今

審不然聘禮士帥沒其竟誓于其竟賓南面上介西面衆介北面東上史讀書司馬執筴立于其後鄭注謂北面讀書以勅告士衆葢是時齊侯奉天子命歸當使國咸知故誓于大司命言誓者聘禮雖非軍事亦是梱外之事故讀誓如北面對君然此以上敘齊侯歸爲作樂于朝以拜嘉命也以下乃敘王使人來聘陳氏爲賓致館而先設祭于桓子之廟用璧兩壺八鼎于南宮者璧與上下璧字異彼指玉言此連壺鼎指玉之器言明堂位灌用玉瓚薦用玉豆䖒用玉琖加以璧散璧角是璧卽璧散璧角之類壺用兩饋食之禮用兩壺尊特牲禮視壺濯籩尊兩壺于阼階東

又曰覆兩壺焉蓋在南鄉飲酒尊兩壺于房戶閒鄉射禮兩壺斯禁燕禮卿大夫兩方壺士旅兩圜壺方壺謂口方圜壺謂口圜其實壺皆圜形說文壺昆吾尊也象形圖壺必有兩凡禮皆然兩壺之實考之酒正內則當卽清白二酒鼎用八據鼎俎奇于數不合且大夫五鼎陳氏祭其廟何得用八鼎攷聘禮賓飪鼎九羞鼎三賈疏鼎正鼎九牛羊豕魚腊腸胃膚鮮魚鮮腊羞鼎陪鼎三膷臐膮故周禮膳夫言王日一舉鼎十有二天子鼎九言十有二者正鼎九陪鼎三也以是推之天子食鼎當賓禮則諸侯食鼎當上介禮大夫食鼎當衆介禮上介鼎七羞鼎三注云七橆鮮魚鮮腊則諸侯合正鼎陪鼎計

之爲鼎十眾介不言鼎注云亦飪在西鼎五羊豕腸胃魚腊注不及羞鼎者正鼎以次而殺陪鼎從同不言知爲三則大夫合正鼎陪鼎計之爲鼎八大夫食鼎用八則祭鼎亦得用八少牢饋食禮言三鼎扗羊鑊之西二鼎在豕鑊之西亦止據正鼎言之也分數之爲奇合數之爲十二爲十爲八𩆊害其爲奇也南宮桓子廟名廟何以稱宮春秋隱五秊考仲子之宮公羊傳隱爲桓立故爲桓祭其母也何氏注不就惠公廟者妾母卑故雖爲夫人猶特廟而祀之案妾母義不配食故特立宮喪服小記謂慈母不祭非不祭也穀梁說於子祭於孫止蓋子扗則別立廟至孫則

祔於姜祖姑爲壇以祭之此所爲宮也若桓子爲大夫桓子之妻孟姜齊侯女也實宜爲廟曷爲夾爲宮文王世子正室守太廟諸子守下宮正室適子也適子所守稱廟諸子所守稱宮蓋陳桓子無宇四子曰孫書子占曰釐子乞曰昭子蓳說詳下注曰武子亶說詳下註則雅子占稱正室其餘皆諸子故稱南宮南宮者儀禮喪服子夏傳子不私其父則不成爲子故有東宮有西宮有南宮有北宮疏引內則命士已上父子異宮不命之士父子同宮縱同宮亦隔別爲四方之宮蓳亶皆大夫當自爲宮南宮自是生事桓子孟姜處後仍其名敖氏繼公謂東宮西宮南宮北宮古皆有是稱後或因之爲氏案彝器中有指姓氏

者如㪔氏盤之言西宮襄戎父南宮中鼎之言南宮伐召鼎之言以匽季告東宮是也有指廟名者如尹卣之言飲西宮召公尊之言王錫中馬自買侯四駫南宮東宮鼎之言東宮是也若淮南子時則訓春天子御東宮夏天子御南宮秋天子御西宮冬天子御北宮此是取明堂內之四宮以配四時故太子亦稱東宮也　其地據漢書功臣表南宮侯張買下注云北海漢之北海即春秋齊之臨淄今屬青州疑本陳氏南宮故址後因以爲地名歟地理志北海郡下闕南宮而信都國下有南宮冀州志云南宮近魯邊邑周南宮括所封國南容居之因以爲氏則漢之南宮有二其一扗信都爲南容故居其一扗北海爲陳氏故廥子下闕一字據曹氏器爲用字子當是壐疊對桓子孟姜之稱用璧二備玉二二者禮玉祀玉如祀司命禮

此祭宗廟也用玉者曾子問天子諸侯將出必以皮圭告于祖禰又斂幣玉藏諸兩階之閒是禮玉幣玉皆用之天子諸侯廟祭有玉則大夫亦有玉今爲祭桓子孟姜故用二玉司命璧一備玉一南宮璧二備玉二者禮器圭璋特琥璜瓛（特謂直達瓛謂與瓛並陳）此以少爲貴家祭殺於朝祭不敢用特玉也詔鼓鐘者冓作樂于朝廟循諸侯制用全樂故言大舞此作樂于家廟從大夫制不用全樂故言鼓鐘云詔者明其樂之本於韶也樂以鐘立均詩曰鼓鐘送尸蓋自是而祭畢矣以下乃言徹俎及迎賓之事齊下字闕據曹氏器有侯既盦三字（說詳下篇）洹子即桓子書牧誓尚桓桓說

文引尚狟狟陳逆簠余陳狟子之裔孫桓可假狟亦可假洹齊侯鐘桓作洹亦水旁是其證儀徵師曰陳氏簋有季姜此孟姜陳氏多姻于齊皆可補史傳之闕稱桓子孟姜者如少牢禮言薦于皇祖伯某以某妃配某氏之義也器其入據少牢禮當卽徹肵俎之餕乘篆文一作□一作□審刀布文乘作□形相近定爲乘字都篆文一作□一作□□古文邑見鐘鼎文□亦古文邑見汗簡乘都邑者乘猶誌乘言以是器紀諸都邑之廟如先簿正祭器是也𦮾說文𦮾黏土從黃省從土古文𦮾不省𦮾爲桓子子卽子𤲥名詳儀徵師說說曰銘中兩𦮾字筆畫甚明白爲從黃省之𦮾字卽陳子𤲥之名𤲥字與𦮾字之義切近明白是居斤切

凡從某省之字可寄其義不必定從其聲此篆黃尙不省
今說文𡍵古文作𡏳古文僅見于此器矣左昭二十六秊
平子曰必子彊也子彊之名𧪗考今因此器得之說文自
堇字𠙶字以至彊字相因相次古人字由名生堇字子彊
𧪗疑或疑史記武子開卽彊非也開從开聲且兼會意扗
段氏古韻十一部不能與堇聲相涉𡏳扗十三部居斤切
故墐謹殣僅鄞廑覲勤等字從之或居斤切或居隱切相
近之意也由十三部轉入十四部則難漢歎嘆等字亦從
堇得聲說文𡍵黏土從黃省從土古文𡏳𦬇土黃黏則彊
而治之艱故田畕彊各義以次連綴亦因其字音義皆近
也又左傳昭二十六年冉豎射陳武子中手失弓而罵以
告平子曰有君子白皙鬒鬚眉甚口平子曰必子彊也失
弓者武子亶卽子開非子彊白皙者堇也卽子彊非謚武
蓋兄弟兩人冉豎射子開識之矣平子亦知之矣卽使冉
豎平子有言傳未書之惟冉豎不識子彊但言其白皙諸
狀故平子曰必子彊也若旣射武子而識之是亢之甚矣
又指武子爲君子白皙云云則與下文謂之君子何敢亢
之相背且有字文義亦是舍失弓者而別有所指明射手
失弓者一人君子白皙又一人也慶鏞案師說極是左傳
但書武子而杜氏卽以子彊爲武子字史記有武子開亦

不言字子彊則杜氏之誤可知然則子彊非武子其卽昭子乎左哀十四年傳成子兄弟四乘如公杜注取昭子莊爲成子兄弟以充四乘爲八人之數而史記齊太公世家索隱引世本昭子是桓子之子成子之叔父又不言名莊竊謂莊卽壄之譌莊壄形相近壄從黃黃與莊聲又相涉昭子壄誤爲昭子莊其卽桓子子無疑若名莊陳自敬仲生穉孟夷穉孟夷生䌙孟莊䌙孟莊爲文子之父桓子之祖桓子子何得與其曾祖同名杜氏旣誤以昭子爲僖子之子又誤壄爲莊其說沿自服虔唐孔疏未正其誤且徇服杜誣昭子莊爲僖子之子出世本而索隱所引世本橆此事也小司馬駮之知昭子不名莊然卒莫詳其名至顧氏棟高謂昭子莊疑卽哀十一年之陳莊其說亦橆確據今得此器以證之渙然冰釋是可爲論世知人之一助

⿱⿴𦥑酉女篆文作□中□字乃古文酉字下從女字當爲⿱⿴𦥑酉女卽亹之正字王氏伯申曰亹讀爲眉方言眉老也楚史老字子亹古音微與文通亹有門音故轉爲眉其字卽釁字釁從爨省從酉分聲亹從爨省從

酉攴聲字當爲□作齍者隸之變也今案字當爲𡢁古𡢁𡢁通鐘鼎文眉多假釁或假𡢁伯頋父鼎之□史頙鼎之□雝公緘鼎之□晉姜鼎之□曼龔父簋之□曾伯霥簠之□皆借釁字爲眉字其𤕪史鼎眉作□中□字乃古文文字此卽隸變作齍之祖而周公𨚵鍾之釁作□散氏盤之眉作□遲簋之眉作□作□下皆從女而□體與此篆□筆畫不差是皆𡢁字則釁𡢁爲一字而與眉通用也六書略謂亹從釁省從且非也亹爲俗體𡢁爲正體齍本作𡢁故易繫辭成天下之亹亹荀虞皆作成天下之娓娓以字從女而涉娓也𡢁從釁省聲亦從女得聲女聲與免聲

同在段氏古音弟五部詩棫樸勉勉我王荀子富國篇引作亹亹我王則又以聲而涉亹之郎亹的確無疑乃張參五經文字謂亹字不合六書而徐鼎臣以說文無亹字謂俗加文作亹遂以娓當亹惛未以此器正之亹亦桓子史記齊太公世家索隱引系本陳桓子无宇產子亹子亹非字乃所產子曰亹也亹字子開亦詳儀徵師說說曰亹乃子開之名開其字也史記曰武子開杜預左傳注曰子彊武子字此必是史記不誤而杜誤也開與亹之義亦明白切近之至詩鳧鷖在亹箋云亹之言門也後漢書馬援傳注亹水流山閒兩岸若門也然則亹卽門之假借字門爲名開爲字猶蓮爲名彊爲字又何疑哉舞用從爾大樂者此以樂納賓行饗禮也案肃祭司命言大舞祭南宮言鼓鐘知君臣之分則然

此仍扗桓子廟云大樂且兩云大樂思之不得其解若以爲侑尸則正祭時用鼓鐘侑尸何得用大樂審諮文上有齊侯既齍據曹氏器下有天子之吏明是禮使臣之事因思聘禮宰夫徹几改筵鄭注謂將禮賓徹神几改神席更布也則古者禮賓必先祭於廟以重其事聘禮記惟大聘有几筵几筵謂行聘享及私覿畢爲神位以禮賓蓋齊侯誓于大司命後既而王人來聘賓即館卿致館齊侯歸以饔餼薑釁嘗是爲致其館故設神位于廟先告其祖考然後舉齊侯行饗燕之禮知館于陳氏廟者據聘禮記卿館于大夫大夫館于士士館于工商鄭注館者必于廟不于敵者

之廟爲大太同尊也葢古者天子適諸侯必舍于太祖廟諸侯行舍于諸公廟大夫舍于大夫廟故歸饔餼皆于廟行之明其禮皆扗廟也王人於周爲卿禮當館于大夫故就舍桓子廟致禮以饗之作樂以導之羞舊釋伳姜今案篆文作[illegible]與上下姜篆從女不同定爲羞字羞庶羞也鄭康成儀禮注羞進也二義皆通釿篆文作[illegible]右從斤甚明白乃釿字莊子釿鋸制焉與此義遠餘不見經傳舜幣幕文曰虞一釿禹幣幕文曰安邑一釿此爲斤兩之斤義叉別說文釿劑斷也從斤金釿器名鑿左證類篇釿器之釿鍔當是舊訓集韵十八諄韵會十二文注竝同字或作沂韵會引禮記車不雕幾注幾尉纏爲

沂鄂則是器之有圻堮者謂之釿審禮器有圻堮唯周房俎房俎設下跗於兩端若房然房之制有戶閾有戶閾則有圻堮矣此器之或名釿歟案釿許不言聲繫傳有斤聲二字後人讀魚巾舉欣魚斤擬引四切余謂當讀若肵俎之肵釿肵皆從斤會意亦從斤得聲則楚金作斤聲爲是肵讀許欣釿讀舉欣音同義亦相近說文有釿無肵禮經有肵無釿二文互相備特牲饋食禮佐食升肵俎鄭注肵心舌之俎也記心舌皆去本末午割之載心立舌縮俎午割以劑斷爲正肵其所實之俎故字從肉釿其所盛之器故字從金然則肵釿同義釿本訓劑斷引伸之爲沂鄂之

器以其盛胑故亦謂之釿或謂俎木爲之髹用金但周尚文莊子加肩凥於雕俎之上雕卽雕幾爲沂鄂是用金之證故曰用鑄爾羞釿禮言胑者主承祭言載心舌之俎也器言釿者主饗賓言盛體薦之俎也昜言之饗禮久亾今攷之周禮及春秋內外傳大宗伯以饗燕之禮親四方之賓客鄭注賓客謂朝聘者賈疏饗亨太牢以飲賓獻依命數在廟行之此於桓子廟知爲饗禮左傳宣十六年晉侯使士會平王室王享之原襄公相禮殽烝武子私問其故王聞之召武子曰季氏而弗聞乎王享有體薦宴有折俎公當享卿當燕杜預注烝升也升殽於俎享則半解其體

而薦之體解節折升之於俎物皆可食孔穎達正義折俎即殽烝是也言諸侯親來則爲之設享又設燕享用體薦燕用折俎襄二十七秊宋人享趙文子叔向爲介司馬置折俎折俎牲體骨也國語周語王召士季曰禘郊之事則有全烝王公立飫則有房烝親戚燕享則有殽烝又曰女今我王室之一二兄弟以時相見將龢協典禮以示民訓則橆亦擇其柔嘉選其馨香潔其酒醴品其百籩脩其簠簋奉其犧象出其尊彝陳其鼎俎靜其巾幕敬其祓除體解節折而共飲食之於是乎有折俎加豆酬幣宴貨以示容合好韋昭注曰全烝全其牲體而升之也禮之立成者

爲飤房大俎也詩曰籩豆大房謂半解其體升之房也殽烝升體解節折之俎謂之折俎也合此數語觀之言殽烝言體薦則與釿之本訓剸斷合言房烝言房俎則與釿之轉訓沂鄂合是釿爲饗賓禮器知非飤禮者飤禮不用體薦亦無房俎公飤大夫禮有司卷三牲之俎歸于賓館鄭注歸俎實于篚賈疏飤禮無肵俎故不言用俎唯云實于篚且饗禮有腥飤禮無腥樂記大饗而俎腥魚腥魚必用俎實于肵俎故以釿箸之又案周弡仲匿有[illegible]字與此左右移易筆畫絕相類舊釋作銃作鈗皆未確亦當是釿字

其文曰弡中𠤕寶匿弄依呂釋作奉之金[illegible]舊釋作鏖作鈇今案篆作[illegible]定爲鑊

字硷篆文別作鎗或釋爲鉉　鐱舊釋作鈇作鈇今案篆作鐉定爲鐏字　礆舊釋作鋴作鑪今案篆文作鎩定爲鐃字其動纁同其元其黃用盛秫稷糕粱用饗大正音歆同王賓餁饌同具召飤張中受𩟄彊福諸友飵飤具鎗飽同張中

弃壽許觀銘文全是饗事作寶匿饗禮脩其簠簋𧯞爲鼎屬硷爲俎屬饗禮陳其鼎俎鐱爲尊饗禮出其尊彝礆爲匜饗禮敬其祓除其纁其元其黃饗禮加酬幣秫稷糕粱饗禮遐馨香饗大正歆王賓饗禮歆太牢國語王歆太牢餁具召飤饗禮擇其彔嘉品其百籩潔其酒醴諸友餐飤具鎗饗禮示容合好新爲饗器尤是此銘確證御與訝同即訝賓于館之訝鄭君儀禮注訝迎也以君命迎賓謂之訝周禮

掌訝凡賓客諸侯有卿訝卿有大夫訝大夫有士訝士皆有訝天子之吏見曲禮其擯于天子也曰天子之吏賈疏受辭傳于天子曰天子之吏用御天子之吏者齊侯歸餼于館行饗禮奠鬯奉君命以迓之也再言器其入者據有司徹當即徹室中之餅古者饗在廟燕在寢此行再饗而光徹室中之餅者示饗後行燕禮也復作大樂者再饗之樂也聘禮公于賓壹食再饗賈疏云以其饔等爲之牢禮之數陳饔卿也則飧二牢饔餼五牢大夫也則飧太牢饔三牢士也則飧少牢饔太牢此降小禮豐大禮也以此言之公侯伯子男大聘使卿則主君一食再饗小聘使大夫

則主君一食一饗是聘禮卿當再饗乃賈氏周禮大宗伯疏饗燕謂上公三饗三燕侯伯再饗再燕子男一饗一燕此謂朝賓若聘客則皆一饗其燕與時賜無數其說自相矛盾莫諟其正覲此再用大樂知聘客尊者行再饗儀禮聘禮禮記聘義大戴禮朝事儀皆云壹食再饗則周禮疏謂聘客皆一饗者失之或謂燕有樂饗食無樂攷籥師掌教國子舞羽吹籥祭祀則鼓羽籥之舞賓客饗食亦如之則饗食有樂之明徵左傳襄十秊宋公享晉侯于楚邱請以桑林舞師題以旌夏此饗禮之樂也襄二十八秊叔孫穆子食慶封使工爲之誦茅鴟此食禮之樂也鈚篆文作

鈚右從反人爲匕亦明白定爲鈚字鈚古作匕通作枇說
文匕下云匕所以相比取飯一名柶柶下云柶匕也鄭康
成周禮玉府注角柶角匕也是匕卽柶聶氏三禮圖引舊
圖云疏匕長二尺四寸葉長八寸博三寸柶長尺櫼博三
寸曲柄長六寸儀禮士冠禮鄭注云柶狀如匕則二物夾
長短異稱匕大而柶小匕以施黍稷夾以施牲體少牢饋
食禮廩人摡甑甗匕與敦于廩爨此黍稷之匕也雍人摡
鼎匕俎于雍爨此牲體之匕也禮經言執匕摡匕取匕加
匕覆匕多作匕言枇魚枇豕枇肉乃枇長枇卒枇多作枇
似自匕言之謂之匕自用匕言之謂之枇案匕枇古今字

古本作匕以其用木作枇亦以其用金作鈚如登本瓦豆後從金作鐙梪本揉木後從金作鐳是其例匕以銅經爇明文士虞士器匕以桑（禮記雜記枇用桑長三尺）特牲饋食匕以棘（特牲記棘心匕刻）士冠士昏柶皆用角（柶夾匕）而公食大夫匕柶不言其材陳博士禮書疑夾角爲之以銅則未聞竊謂祭禮尙質故用木賓禮尙文故用銅冄蕭山王中丞南陔得一銅柶恭甫師以建初慮俿尺度之長尺有一寸五分擸長五寸一分强博二寸五分滨八分柄長四寸五分厚一寸半鋭其端柄之兩旁爲雷回紋中央立芈一豕一芈冄豕後皆向擸其端之外爲牛首仰而遆高二寸豕大於芈牛首

又倍之牛領下有梁繫小鈴圍二寸一分并紐徑一寸四分據公食禮宰夫設鉶四于豆西東上賓扱上鉶以柶辯擩之上鉶之閒祭鉶四謂牛二羊一豕一上鉶者牛鉶也辯擩則及羊鉶豕鉶鉶有四而扱上鉶辯擩唯有一柶貫疏一柶所以優賓一柶施於四鉶惟食禮爲然故此器柄端三牲之飾所以尚象斷爲公食大夫祭鉶之柶今案柶當爲鈚是饗禮祭鉶之鈚非食禮祭鉶之柶古者彝鼎敦簠多象物以爲飾鄭君少牢禮注云周之禮飾器各以其類彼器柄端作牛首形明是以太牢爲禮饗烹太牢唯解其體而薦之故作牛首形不作牛形柄端牛領有鈴猶刀

之有鸞亦取體薦之義且羊在前豕居中牛首在後三牲爲一列國語言饗陳其鼎俎韋昭注俎設於左牛豕爲一列魚腊腸胃爲二列器以柄爲上由牛而豕而羊正與韋注一列之說合若食禮牛以西羊羊南豕豕以東牛則牛當在羊豕之兩旁左上右下羊南豕亦當豕前而羊後不得豕後而羊前也以此銘證彼器知饗禮之匕以銅以彼器證此銘知銅匕之用以饗饗禮闕得此二者可以補其遺經典中一大快事國語言饗有百籩簠簋犧象尊彝鼎俎加豆諸器此獨舉斯與鈚者特牲禮鄭注肵俎主人親羞敬易震卦鄭注人君于祭匕牲體薦鬯而已其餘不親

爲以祭禮推賓禮知二者亦君親爲之事也故特言之先言釿後言釶者禮有次𦳝釿在先𦳝釶在後亦互文見義也饗後有燕不言者聘禮燕與羞俶獻齋常數故不言也桓子孟姜用乞嘉命此禮畢命工祝致告之辭用祈眉壽萬年齋疆卽少牢禮言承致多福無疆于女孝孫眉壽萬年勿替引之之意也用御爾蓋總言祭廟侑樂納賓之事俾永寶其器以御于廟也詳觀銘文冓後其儀文度數攷之禮經而皆合末後言徹俎一則曰洹子孟姜再則曰洹子孟姜言饗賓一則曰天子之吏再則曰天子之吏知堇釁二人心存公室忠孝之心如或見之宜冉豎未識子疆

一望而指爲君子也云 按第五行齊下㞢陳氏釋爲邦字言邦古文作𡴀審篆作㞢疑下磨滅今細審篆拓㞢下無磨滅痕蹟當是土字詩大啓爾土宇爾邦爾土義同陳氏釋命下闕一字今審第七行首一字是于字第九行南宮子下陳氏釋闕一字今觀篆拓是用字末行用御爾下篆文漫漶處有一二形與中罍參校亦當釋爲事字

兩罍軒彝器圖釋卷五

周齊侯中罍

器高今尺一尺二分深九寸底徑六寸腹圍二尺一寸八分腹徑六寸七分口徑四寸二分鐶徑二寸七分重今庫平一百六十兩左右饕餮銜鐶

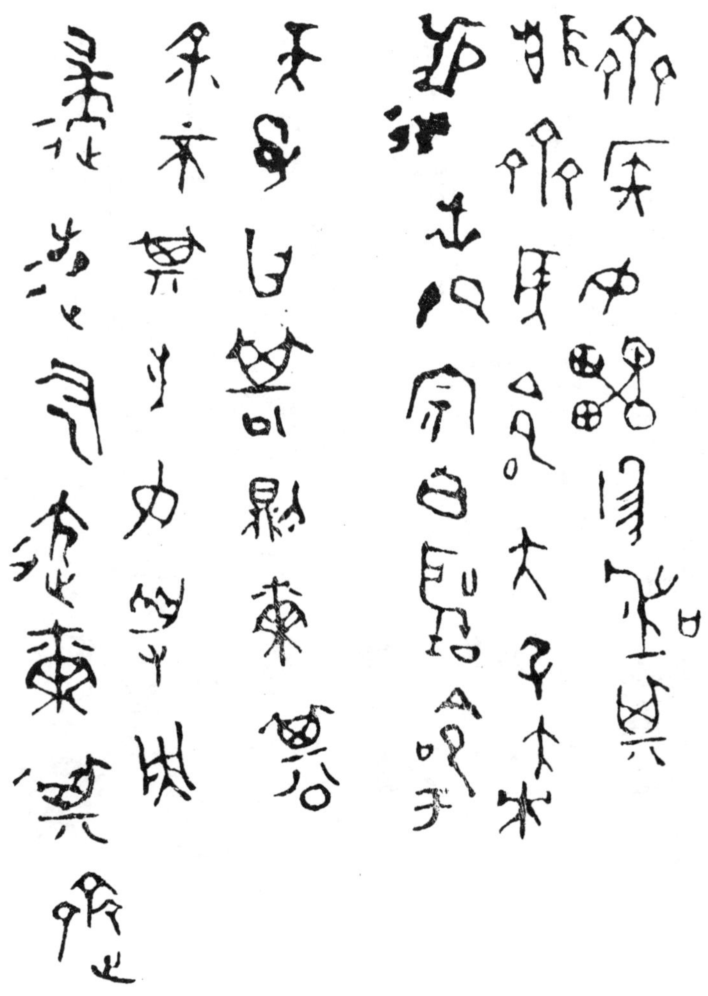

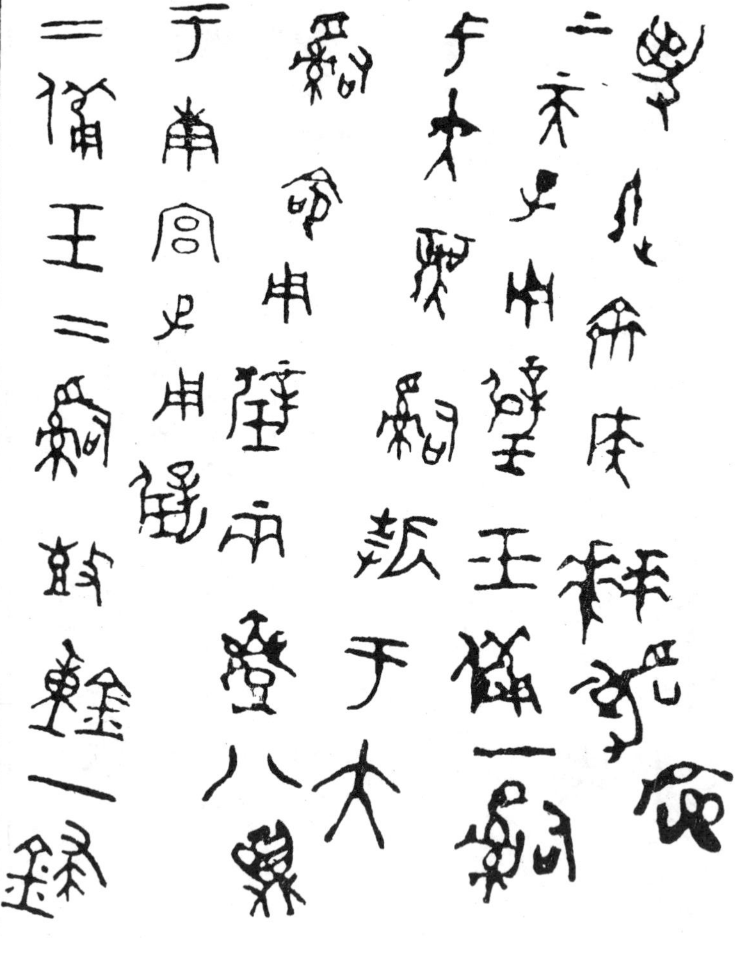

齊侯中罍爲器其
旅齊侯命大子立樂
逆七始宗伯聽命于
天子曰朞則爾朞
余不其□女受宁
帯悊惠受御爾其齊
受奉齊侯拜嘉命
□天子用璧玉備一紹
于大舞紹新于大
嗣命用璧兩登八鼎

于南宮子用璧

二備玉二紹鼓鐘一銉

齊侯既濟洹子孟姜

器其入乘鄀邑堇𩞁

舞用從爾大樂用鑄

爾羞𨽚用御天子之

吏洹子孟姜用乞嘉命

用祈眉壽萬年無疆用

御爾事

右齊侯中罍銘文一百四十餘字器舊藏蘇州曹氏懷米山房陳頌南曰此器與壽器文大同小異葢同時而作一以祀饗禮一以祀食禮也今卽以其異者釋之其見于壽篇者不具載中字壽器巹齍舊釋作女以爲齊侯女之罍也然下洹子孟姜竝言不得專指孟姜且篆文作中中一豎左斜而直與女篆𠂇中一豎右斜而曲字別定爲中字罍說文木部櫑龜目酒尊刻木作雲雷象象施不窮也從木畾聲罍櫑或從缶𥁎櫑或從皿𦉪籒文櫑器作畾畾卽𦉪之省罍古用木鄭君司尊彝注云山罍亦刻而畫之爲山雲之形詩卷耳正義引此申之曰言刻畫則用木矣故禮圖

亦云刻木爲之許氏五經異義引韓詩說金罍大夫器也天子以玉諸侯大夫皆以金士以梓毛詩說金罍酒器也許不從韓說謂以玉經無明文則金玉亦就其飾言之其實皆用木也故解字以從木之櫑爲正字金罍爲銅者儀禮士冠禮疏引漢禮器制度洗之所用士用鐵大夫用銅諸侯用白銀天子用黃金又引漢禮器制度水器尊卑皆用金罍及其大小異以漢推周大夫酒器用金則罍可用金故韓毛因以爲說中罍中尊也爾雅釋器彝卣罍器也小罍謂之坎卣中尊也孫炎注尊彝爲上罍爲下卣居中廣韵樽有三上曰彝中曰卣下曰罍尊稱罍者先鄭周禮

注云山尊山罍也後鄭儀禮注云壺爲尊罍夾謂之尊山罍卽山尊則中罍卽中尊也中尊受五斗聶司業三禮圖六彝爲上受三斗六尊爲中受五斗六罍爲下受一斛爾雅郭注罍形似壺大者受一斛毛詩說罍大一碩中尊小於罍而周禮鬯人凡祭社壝用大罍鄭注大罍瓦罍也阮諶禮圖云大罍瓦爲之容五斗似五斗卽稱大罍然瓦罍以其用於社故大之非罍之大者其大罍有宗廟獻尸之罍有宗廟酢尸之罍有饗燕之罍禮記明堂位尊用犧象山罍山罍夏后氏之尊也禮器廟堂之上罍尊扗上犧尊扗西君西酌犧象夫人東酌罍尊此宗廟獻尸之罍也司

尊彝六尊皆有罍諸臣之所酢也鄭康成云諸臣獻者酌罍以自酢不敢與王之神靈共飲鄭司農云尊以祼神罍臣之所飲也酒正疏云三酒皆盛於罍尊扗堂下此宗廟酢尸之罍也詩卷耳我姑酌彼金罍毛傳人君黃金罍此饗燕之罍也此中罍爲金罍大夫器也用以燕饗正與韓毛之說合言中者以其居中故謂之中罍罍大小之制尊卑同皆畫雲雷形所異者其飾耳樂上一字篆文作人定爲乃字乃樂者乃作樂也下一字篆文作逆與上器週篆不同楚公鐘有[illegible]字筆畫相若亦未審何字今案上體作屰卬兩篆下體是辵字古逆迎通用夾常相混說文逆迎也關東曰逆關西曰迎

定爲逆字七篆作𡈼始篆作𠔁佀扗治二字謚以知古文尙書之扗治即今文之七始也鄭康成大傳注七始黄鍾大蔟大呂南呂姑洗應鍾蕤賓也案七始見虞書此樂作於王朝不言何樂當是時王制度爲周大武象樂與下詔樂不同夾言桼吟者樂稱均均即吟之叚借書疏堂上之樂謂之笙均堂下之樂謂之磬均樂說聖人徃承天助以立五均均者夾律調五聲之均也文選思元賦注繁欽與魏文牋注又舞賦注引樂徃承天助以五字後漢書張衡傳注引聖人承立五均宋均注均長八尺施弦以調六律五聲後漢書注思元賦注五均謂宮均商均角均徵均羽均周於五均而外加變宮均變徵均更立七均尙書中候文王作豐其

兩罍軒彝器圖釋卷二

歌曰鳳皇下豐語稱鳳皇之樂調七均夾作鈞當即本此夾謂之七音左傳七音六律以奉五聲隋鄭譯推古樂歌謂周有七音之律又謂之七律賈逵國語周語注七律七器音也黃鐘爲宮太蔟爲商姑洗爲角林鐘爲徵南呂爲羽應鐘爲變宮蕤賓爲變徵也審是則周樂有夾呁變言七始者七始猶夾呁樂緯叶圖徵聖人作樂或調陰陽或調五行或調盛衰或調律厤或調五音與天地神明合德則七始八氣終各得其宜也宋均注七始謂四方天地人也太平御覽天部三漢書律厤志天地人及四時謂之七始黃鐘爲天始林鐘爲地始太蔟爲人始姑洗爲春蕤賓爲夏南呂

爲秋應鐘爲冬是爲四時三始四時合而爲七逆者逆其氣也不其下摩滅不可辯下有専宁二字専當爲甫古文甫専専皆通用宁鐘鼎文多作㝉此作宁形相若定爲宁字宁杵聲相近齊景公名杵臼據専器白字當是伯父杵臼四字葢天子命之之言備一之一専器作玉此作一郎副玉一也大舞上多詔乃二字詔乃大舞詔者光命樂八陳樂器正樂位而後乃舞大樂也重言詔者以上命太子立樂乃作樂王朝爲周樂此作樂齊朝爲韶樂也韶樂之舞尚書大傳陽伯之樂舞株離株離者言象物生育離根株也其歌聲比余謠名曰晳陽余謠者徒歌謂之謠其聲

清濁比如余謠然後應律也晳陽仲春之月厥民析也儀伯之樂舞蘉哉蘉動也哉始也言萬物應雷而動始出見也其歌聲比大謠名曰南陽南任也言可以任萬物也夏伯之樂舞謾或謾猶曼也或長也言象物之滋曼或然也其歌聲比中謠名曰初慮言陽上極陰始謀也羲伯之樂舞將陽言象物之秀實搖動也其歌聲比大謠名曰朱于于大也言物至夏而盛大也秋伯之樂舞蔡俶蔡猶衰也俶始也言象物之始衰也其歌聲比小謠名曰苓落言物之彫零剝落也和伯之樂舞元鶴言象陽鳥之南也其歌聲比中謠名曰歸來歸來言物皆反其本也冬伯之樂舞

齊落齊落終也言象物之終也歌曰縵縵亦曼長也壐爲冬伯舞丹鳳一曰齊落歌曰齊樂一曰縵縵和伯之樂闕

韶舞樂章存于世者如大唐之歌樂曰舟張辟雍鶬鶬相
從八風回回鳳皇喈喈卿雲之歌樂曰卿雲爛兮日月光
華旦復旦兮又曰明明上天爛然星陳日月光華宏予一
八又曰日月有常星辰有行四時從經萬姓允誠於予論
樂熙天之靈遷于賢聖莫不咸聽鼚乎鼓之軒乎舞之菁
華已竭褰裳去之于時八風循通卿雲藂藂蛟魚踴躍于
其淵龜鼈咸出于其穴

案周兼六代之樂而韶樂存于魯據左傳季札觀樂見舞韶箾尤備于齊其傳獨亡漢書禮樂志高祖奏文始舞文始舞者舜招舞也高祖六年更名文始宋書樂志魏文帝黃初二年改文始曰大韶舞仍舊稱明帝太和初公卿奏高祖文皇帝樂宜曰咸熙之舞咸熙亦卽韶舞也南齊書

樂志晉傅元六代舞歌有虞韶舞宋孝建初以凱容舞爲
韶舞凱容亦本舜韶舞也宋志晉武帝太始二季改制廟
歌其樂舞猶仍舊至九季荀勖知樂事使郭夏宋識造正
德大豫之舞勖及張華傅元又各造歌詞而韶樂以亾據
此則韶樂自傅元後不復傳即宋之凱容舞亦非韶本旨
然韶之所以歷秦漢魏晉樂譜相承猶能傳其音者得非
陳氏世守之功今觀韶乃大舞韶五字恍然韶樂之作猶
在百能勿痛恉于荀勖諸人擅造新聲辠莫大焉登尊器
作壺此作豋二篆筆畫皆明白無可疑者說文豋禮器也
從廾持肉在豆上豋通作登亦作鐙詩于豆于登毛傳登

薦太羹公食大夫禮太羹湆不和實于鐙祭統夫人薦豆執校執醴授之執鐙字皆用登鐙爲𢍚俗別造豋字以登爲祭器之登而登爲登豆之登非也唐石經篇韻皆無登字玉篇有𢍚則𢍚爲正字登鐙皆其通用字兩登即兩瓦豆大夫禮也爾雅釋器木豆謂之梪瓦豆謂之登豆可統登登不可統豆若大夫之豆則不止用兩陳博士禮書據禮器天子之豆二十有六推此則諸公十有六諸侯十有二上大夫八下大夫六少牢大夫當用四豆今攷少牢饋食禮司宮薦豆不言數而下云取韭菹辯擩于三豆祭于豆閒又云上佐食羞胾兩瓦豆又云主人薦兩豆菹醢侶

大夫夾不止四豆然四豆自指木豆言之兩登則卽上佐食所薦之兩瓦豆賈疏云兩瓦豆並藏在南豕藏在北則器所言正與少牢大夫之禮合鼓鐘下多一銉二字銉卽肆字從金會意爾雅作隸肆古今字虞書肆類作䋣䋣爲祭祀專文罍諮樂肆作銉銉爲樂縣專文周禮小胥王宮縣諸侯軒縣卿大夫判縣士特縣凡縣鐘磬半爲堵全爲肆蓋縣編鐘編磬爲一堵二堵爲一肆堵如牆堵然肆如市之有肆宮縣象宮室王以四方爲家故也軒縣闕其南避王南面故也判縣東西之象卿大夫左右王也特縣則一肆而已象士之特立獨行也通禮義纂軒縣三面歌

鐘三肆判縣兩面鼓鐘二肆特縣一面唯磬而已計大夫當二肆陳氏大夫也何獨言一肆小胥所言天子之卿大夫非諸侯之卿大夫也諸侯之卿大夫半天子之卿大夫惟一肆肆合二堵說文鎛下堵以二金樂則鼓鎛應之案金當是鍏之遺後人以說文𩫖鍏字遂去其半直書作金堵以二鍏者言堵以二爲鍏也樂則鼓鎛應之言大樂則鼓大鐘以應之說文鎛大鐘也此許氏之意也段氏懋堂謂當作堵𩫖鎛全樂則鼓鎛應之樂唯軒縣有鎛爲全樂諸侯之大夫二堵諸侯之士一堵皆𩫖鎛皆不成肆夫鎛爲大鐘特縣鄭康成云鎛如鐘而大許氏愼孫氏炎沈氏約夾以鎛爲大鐘而韋昭注國語杜預釋左傳則以鎛爲小

鐘案國語伶州鳩曰細鈞有鐘𧃹鎛大鈞有鎛𧃹鐘則鎛
當是大鐘秋濤案說文鎛鑮義異而周禮國語左傳皆叚
鎛爲鑮故
引爲證
堵縣編磬編鐘言堵則𧃹鑮已明何必言堵𧃹
鑮一堵不成肆二堵何爲不成肆諸侯之大夫雖𧃹鑮而
有一肆今以儀禮大射禮之言王制推之樂八宿縣于阼
階東笙磬西面其南笙鐘其南鑮皆南陳笙猶生也東方
鐘磬謂之笙皆
編而縣之樂
以鼓鑮爲節建鼓在阼階西南鼓應鼙在其東南鼓建猶
樹也
以木貫而載之樹之跗也南鼓謂所伐面也應鼙應朔鼙
也先擊朔鼙應鼙應之鼙小鼓也在東便其先擊小後擊
大也鼓不在東
縣南爲君也西階之西頌磬東面其南鐘其南鑮皆南
陳一建鼓在其南東鼓朔鼙在其北言成功曰頌西方鐘
磬謂之頌朔始也奏
樂先擊西鼙樂爲賓所由來也鐘不言頌
鼙不言東鼓義同省文也古文頌爲庸一建鼓在西階

之東南面言面者國君於其羣臣備三面爾無鍾磬有鼓而已其爲諸侯則軒縣簜在建鼓之閒簜竹也謂笙簫之屬倚於堂鼗倚于頌磬西紘鼗如鼓而小有柄賓至搖之以奏樂也紘編磬繩也設鼗在磬西倚于紘也蓋天子爲羣臣避射位闕一面故北方鼓似軒縣實宮縣也若廟堂之上縣鼓在西應鼙在東則四面矣以宮縣例軒縣四面有鍾磬鑮則三面亦有鍾磬鑮惟判縣有鍾磬無鑮特縣有磬無鍾侯制半於王制天子之卿大夫判縣東西皆有鍾磬東一肆西一肆爲二肆諸侯之卿大夫判縣東磬西鍾磬一堵鍾一堵爲一肆天子之士特縣南一肆諸侯之士特縣南一堵皆有磬無鍾也鼓鍾一肆是有鍾也是卽諸侯之卿大夫判縣也故

晉侯賜魏絳以一肆之半非禮也漢武帝高張四縣晉元帝備四廂金石豈王宮縣歟衛仲叔于奚請曲縣後漢光武賜東海恭王鐘虡之樂豈諸侯軒縣歟楚子享郤至爲地室而縣田蚡歬廷羅鐘立曲旃豈大夫判縣歟一肆爲大夫樂於禮爲宜於義爲正樂縣之法鄭氏謂縣鐘磬二八在一虡爲一堵杜預謂樂縣鐘十六爲一肆服虔謂一縣十九鐘賈疏云鄭注左傳初獻六羽衆仲曰夫舞所以節八音而行八風樂縣以八爲數故倍之爲十六服注周禮鳧氏爲鐘以律起數十二辰加以七律爲十九其說與鄭異然大射禮厤十九縣之數鄭君亦以周舞定周縣若

韶縣其詳亞不可得聞今案以尚書虞夏傳及陳氏晉之用之禮樂二書知韶縣當以十二爲一虡傳曰六律者何黃鍾蕤賓無射大蔟夷則姑洗是也故天子左五鍾右五鍾鄭注六律爲陽六呂爲陰凡律呂十二各一鍾天子將出則撞黃鍾右五鍾皆應鄭注黃鍾在陽陽氣動西五鍾在陰陰氣靜君將出故以動告靜靜者皆和也馬鳴中律步者皆有文御者皆有數步者中規折旋中矩立則磬折拱則抱鼓然後太師奏登車告出也入則撞蕤賓左五鍾皆應鄭注蕤賓在陰東五鍾在陽君入故以靜告動動者則亦皆和之也狗吠彘鳴及倮介之蟲皆莫不延頸以聽蕤賓在內者皆玉色在外者皆金聲然後少師奏登堂就席告入也陰陽各六是十二鍾在縣之

權輿陳氏晉之據大射儀東西有鐘磬之縣則天子宮縣堂上之階笙磬頌磬各十二縣堂下阼階而南特鐘特鎛夾各十二縣西階而南編磬編鐘夾各十二縣也陳氏用之夾言樂以十有二律爲之度數以十有二聲爲之齊量故古者考中聲而量之以制度律均鐘紀之以三平之以六成於十二則鐘縣以十二爲一堵也大夫之縣編鐘十二爲一堵編磬十二爲一堵是一肆也言鐘不言磬韶樂起於鐘也鼓鐘上複言紹者以上紹乃大舞紹作樂齊朝係全樂此作樂家庿係半樂然夾本於韶也齊下洹上視𢍰器有侯既盉三字既說文皀部既小食也引論語不使

勝食既案既通作氣槩餼說文米部氣饋客之芻米也槩
氣或從既餼氣或從食聘禮記如其饔餼之數注古文既
爲餼禮記中庸既廩稱事注既讀爲餼大戴禮朝事篇私
覿致饔既戴氏東原曰既即餼字段氏懋堂曰三既字皆
槩之省文竊謂古止作既既槩古今字氣餼通用字春秋
左傳桓十年齊人來餼諸侯許引作氣氣即既也齊讀爲
齍說文皿部齍黍稷所以祀者禾部𪗋稷也粢𪗋或從次
爾雅釋艸粢稷也是齍𪗋各義而鄭注周禮甸師肆師小
祝皆易齍爲粢注小宗伯六齍云齍讀爲粢六粢謂六穀
黍稷稻粱麥苽注畣人云齍盛黍稷稻粱之屬則齍粢義

通是爲古今字詩甫田作齊夾作齍古文也左傳絜粢豐盛禮記粢盛今文也許君器曰齍實之則曰盛而鄭君齍或訓稷或訓黍稷稻粱盛則皆訓在器是則齍與盛之別者齍謂稷也盛謂在器也毛傳夾云器實曰齍在器曰盛說皆與許異者齍可盛黍稷因而謂其所盛之黍稷曰齍齍從皿許以解字爲主故訓器鄭以解經爲主故訓稷也經典中粢多譌粢說文食部餈稻餅也𩟄餈或從齊粢餈或從米粢與齍齋義遠段氏懋堂謂齋字不見經傳今案齋穧同字詩此有不斂穧穧禮記十藪曰秉二百四十斗四秉曰筥鄭注秉謂刈禾盈手之秉也筥穧名也是穧卽齋本訓稷引伸之謂禾秉之數旣齊者

聘禮賓卽館君使卿韋弁歸饔餼五牢飪一牢

腥二牢餼二牢是也齊卽米百筥筥半斛門外米三十車

車秉有五藪禾三十車車三秅薪芻倍禾是也葢是時王

人來聘館于陳氏廟齊侯饋之以牢禮之數及禾秉之屬

故云此也郜卽都之譌然篆文郜邑二字亦明白無可疑

者攷春秋郜有二鄭氏樵曰桓二年取郜大鼎于宋北郜

也僖二十年郜子來朝南郜也杜氏以北郜爲郜國南郜

爲宋邑南郜卽在北郜城南二里顧氏棟高主之其說是

矣然此外尚有二郜左傳成十三年焚我箕郜郜晉邑則

是晉亦有郜也成十八年侵城郜城郜宋邑則是宋別有

郜也晉郜在今太原府祁縣界城郜在今徐州府蕭縣界二皆與春秋時齊地遠唯南郜北郜並在今山東曹州城武縣東南二十里有郜城案地理志山陽郡郜成矦國水經注泗水篇黃溝又東逕郜成縣故城南此郜成當爲邛成漢書外戚矦表邛成屬濟陰卽其地新莽改邛成爲告成後遂譌作郜城于是又謂在城武者曰北郜在山陽者曰南郜其實班志酈注之郜成本邛成與城武之郜城無涉近齊竟宋邑之郜計自隱十秊辛未取郜歸于魯後不聞其地入于齊唯郜國之郜春秋書來朝僅一見公羊傳以爲失地之君孔沖遠謂卽僖二十秊傳富辰所云郜之初封文王之子聃季之弟卽其國無時君秊號不知誰滅之而羅泌路史遂牽合宋賂郜鼎以爲宋實幷之其說終無確據疑此郜

爲齊滅之或侵其地取以封陳氏亘唯經傳皆𣞤明文未能爪斷竊謂郜卽高唐之高郜高聲相近如晉郜之郜春秋大事表引高氏曰今太原府祁縣西有郜城俗呼其地曰高城村里語相傳猶存古音高城本郜城則郜邑卽高邑齊有高唐邑其初疑亦名郜後轉爲高唐似鄒稱邾又稱邾婁一類左傳襄十九年夙沙衞入于高唐杜注在祝柯縣西北襄二十五年祝佗祭于高唐杜注高唐有齊別廟蓋齊之宗邑也穆孟姬爲陳𣞤宇請之陳氏始大故城在今濟南府禹城縣北四十里是高唐爲陳氏邑故以是器紀所封之地亦未可知若然則荓器兩都邑之都上一字篆作𨛜左從留右從邑當是

邍字地理志齊郡臨淄師尚父所封以其邱臨淄水故曰臨淄作邍者淄以水爲義邍以邑爲義也下一字篆作[illegible]左從古右從畟即稷之異文左傳昭十年陳鮑伐欒高戰于稷杜注稷祀后稷之地今臨淄西南三十里有稷山邍[illegible]皆在齊都當是董釁二子所食地故以是器紀之並存之以俟攷

釁此篆作[illegible]即隸變作亹之始 案梁氏履繩引春秋分記世譜齊宇生三子曰開曰乞曰書開書皆齊傳今攷昭子爲桓子之子則三子而外尚有董開即釁史記索隱引世本亹產子獻產子鞅又鄭氏通志氏族略引世本子占氏桓子生書字子占之後則謂開書齊傳者非也而唐書宰相世系表載齊宇二子曰恆書恆乃陳乞之子桓子之孫唐書蓋誤路史後紀又引世本子石氏爲桓子子石之後子石疑即乞之字

舞用從爾大樂此行食禮納賓之樂也此大樂當即周大樂以其時王所制故曰大樂夾以從王朝所作故曰從爾大樂饗食用大樂於禮皆齊徵今以燕禮攷之樂人縣席工于西階上少東樂正先

升天子有大司樂諸侯無大司樂樂正當大司樂小臣納工工四人鄭注工四人者燕禮輕從大夫制也賈疏鄭言此決大射禮重工六人從諸侯制案公苹傳諸公六諸侯四若然知非大射是諸公制此燕禮是諸侯制者案鄉射之工四人是大夫制則諸侯不得有工四人五等諸侯同六人彼公苹六人四人不同者自是舞人之數不得以彼決此也二瑟小臣左何瑟面鼓執越內弦右手相入升自西階北面東上坐小臣坐授瑟乃降工歌鹿鳴四牡皇皇者華卒笙入立于縣中南陔白華華黍乃間歌魚麗笙由庚歌南有嘉魚笙崇邱歌南山有臺笙由儀遂歌鄉樂周南關睢葛覃卷耳召南鵲巢采蘩采蘋舉陔記若以樂納賓則賓及庭舉肆夏升歌鹿鳴下管新宮笙入三成遂合鄉樂若舞則勺案經所言爲天子燕羣臣之常

樂記所言爲天子燕卿大夫有王事之勞之樂據鄭注鄉飲酒禮云周南召南國風篇也夫婦之道生民之本王政之端故國君與其臣下及四方之賓燕用之合樂也鄉樂者風也小雅爲諸侯之樂大雅爲天子之樂鄉飲酒升歌小雅禮盛者可以進取也燕合鄉樂禮輕者可以逮下也春秋傳曰肆夏繁遏渠天子所以享元侯也文王大明緜兩君相見之樂也然則諸侯相與燕升歌大雅合小雅與大國之君燕升歌頌合大雅依鄭說鄉飲酒爲饗禮升歌鹿鳴進取諸侯之樂饗禮盛故言可以進取燕禮輕故言可以逮下是鄉飲酒禮爲饗樂燕禮爲燕樂其實饗燕同

樂左傳襄四年穆叔如晉工歌鹿鳴之三是與燕禮同樂也饗樂與燕樂同則食樂亦與燕樂同今爲國君饗食天子之賓當從進取之例周禮大行人凡大國之孤其他皆眡小國之君鄭注此以君命來聘者也其他謂貳車及介牢禮賓主之間擯者將幣祼酢饗食之數則天子之卿當眡大國之君用諸侯相與燕之禮升歌大雅合小雅從大樂也從者從禮盛之意也䀌舊釋作彝謂即召鼎之鐈今案字當爲䵼即烹飪之器以金爲義爿爲聲爿同口象形從金與從鼎同意說文金部鉉下易謂之鉉禮謂之鼏是金可作鼎則鼎亦可作金䵼爲正文䀌爲異文說文鬺䵼有鬺鬲部鬺煮也從鬲羊聲玉篇鬺式羊

切亦作鬻䰜同上廣韻鬻亦鬺集韻鬺或作鬻鬺鬹類篇鬺或作𩱦鬹是鬻即說文之鬺通假作𩱦鬹又假爲湘詩采蘋于以湘之漢書郊祀志注引韓詩湘作𩱦史記封禪書鑄九鼎皆嘗亨鬺則鬻爲亨煮因而取以名亨煮之器猶釿爲劑斷因而取以名盛劑斷之器盂申鼎言作鬻彝是其證知鎰爲飤禮者案儀禮公飤大夫禮羹定鄭注云肉謂之羹定猶孰也箸之者下以爲節是飤禮先箸亨飪以爲義也魚腊飪鄭注云飪孰也飤禮宜孰饗禮有腥者賈疏曰上文直云羹定肉謂之羹恐魚腊不在羹定之中故此特箸魚腊飪也以飤禮尚孰故皆飪也審是飤禮皆

以埶爲薦故銘特言鑄爾羞槃夾箸其埶之義也饗禮有酒萅器于上特箸兩壺明饗有酒故祭夾言酒也食禮無酒此器於上別箸兩登明食無酒故祭不言酒也公食大夫禮宰夫右執觶左執豐進設于豆東鄭君謂有酒者優賓也其實唯用漿酳口雖有酒不用酒也禮有再饗故萅器兩言之禮惟壹食故此器單言之彼爲饗禮此爲食禮諸文瞭如指掌又何疑哉或以萅器有兩段指此爲奪文或以此器一段謂彼爲衍文皆非也饗食之次聘禮公于賓壹食再饗賓介皆明日拜于朝上介壹食壹饗是食扗萅饗扗後公食大夫禮設洗如饗拜至皆如饗拜是饗扗

壽食拄後饗食可以互相爲先後也饗食皆君親致若不親饗親食則致饗以酬幣致食以侑幣皆如致饔餼儐餼儐者言己本宜從故不用儐也今觀詺言大樂言用御當是齊侯親爲饗親爲食陳氏爲佐大樂用君命以訝之也且聘禮言凡致禮皆用其饗之加籩豆致禮謂君不親饗加籩豆謂其實也亦實于罋筐今言莓釿莓鈚莓嶮則君爲親莓非實于罋筐可知諸侯不至大夫之家而可以至于廟者賓拄則禮然爲敬賓也大夫於賓亦有饗食聘禮大夫于賓壹饗壹食上介若食若饗知非陳氏自爲饗食者以器言齊侯蓋紀齊侯之事且大樂亦卽齊之大樂也

謂末吏字讀若事古吏事通用御爾事者統言祭廟納賓作樂孔寶其器以御於廟之事也右前篇詳于禮而略于樂因此二器皆爲作大樂而鑄故于此篇縷析言之以資攷證案史記孔子世家言魯昭公二十五季孔子適齊是季爲周敬王三季甲申說苑載孔子至齊郭門之外遇一嬰兒挈一壺相與俱行其視精其心正其行端孔子謂御曰趣驅之趣驅之韶樂方作于是至而聞韶學之三月不知肉味曰不圖爲樂之至于斯也合此二說觀之韶樂之作當卽其時則二器或作于是季也又案春秋書天王使大夫聘魯者八列國不書其下聘于齊見于傳者莊二十

七季王使召伯廖賜齊侯命僖九季王使宰孔賜齊侯胙僖十一季王使召武公內史過賜夷吾命襄十四季王使劉定公賜齊侯環命而此事聘齊其書闕如穀梁子曰聘諸侯非正也諸侯朝而王聘正也諸侯不朝而王聘非正也觀器言其旅齊侯命太子立樂則是齊侯朝于王也齊侯旣奩用大樂以御則是王使人來聘而齊侯餼之陳氏訝之也正也此詺可以補饗禮之遺可以訂樂經之闕而并可以錄春秋之佚　雲按第二行命太子下篆作大陳氏釋爲乃謂乃樂者乃作樂也細審與阮氏器第二行大相類其闕筆乃剝蝕耳亦當釋爲立目乃樂不如立樂之爲

安第三行聽命下陳氏闕一字今觀篆拓是于字第五行余不其下陳氏闕二字按阮氏器篆作㚒中釋爲事女今屮字甚爲明顯亦當釋爲女第六行帚字下陳氏闕二字今細審篆蹟剝蝕處以阮氏器校之當亦是悊惠二字第九行首一字篆作于陳氏釋乃觀篆拓當是于字

右齊侯罍二器一爲揚州阮文達公藏一爲蘇州曹秋舫載奎藏現在均歸余齋當年文達獲此罍自謂得之最後𤮊之最久繪圖刻石一再攷釋繼以詩詠珍爲大寶題張尗未釋文後云吾所藏金以齊侯罍爲大寶見眉壽圖石刻一時海內知名之士如許印林龔定庵吳子苾朱椒堂張尗未何子貞諸公各有釋文

兩罍軒彝器圖釋卷五　齊侯中罍　二二

而陳頌南二篇最爲賅博余昔箸二百蘭亭齋金石記專以陳氏所釋爲準僅附拙見於後亦間采他家箸錄近日陳壽卿太史寄來釋阮器文一篇意義新確擬彙諸家所釋並合兩器篆文校其同異逐字攷證另編專集以公同志之好茲則但就銘篆所有而陳氏釋爲闕文者補正之不復參以鄙說他家所釋亦不復羼入云

兩罍軒彝器圖釋卷六

周庚羆卣

器橢圜有蓋通高今尺七寸二分合提梁至底八寸三分五釐深四寸九分器口前後徑三寸三分左右徑四寸五分腹前後徑四寸九分左右徑六寸三分圍一尺八寸三分底前後徑四寸五分左右徑五寸七分重今庫平一百三十五兩一錢蓋重三十五兩

西清古鑑卷之六 庚羆卣

器

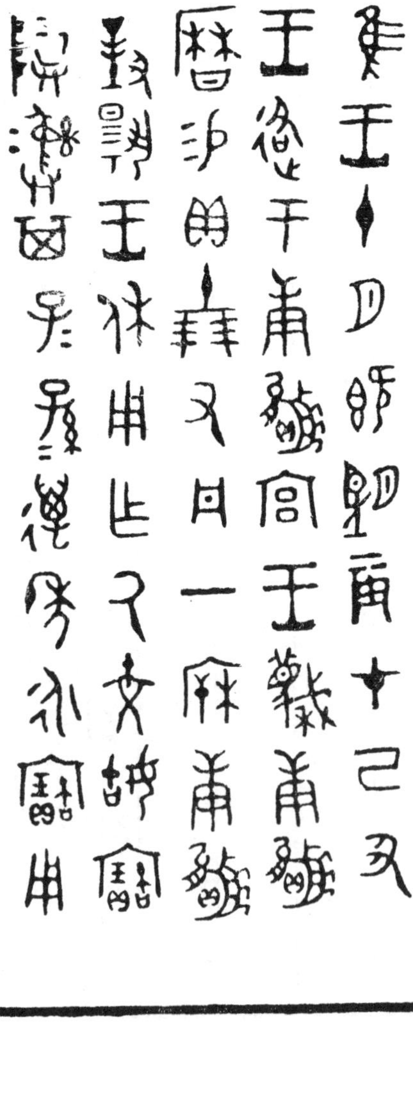

蓋

惟王十月既望辰在己丑
王格于庚羸宫王穠庚羸
曆錫貝十朋又丹一㭼庚羸
對揚王休用作乃文姑寶
尊彝其子子孫孫萬年永寶用

蓋釋同

右銘文五十一字器蓋同庚下一字篆作□作器者之名韓履卿都轉釋作能謂卽熊羆之熊省吳讓之茂才釋作龍翁叔均云字從能從冈冈古网字說文羆如熊黃白文從熊罷省聲羆古文從皮作𩌾此字上從能下從罷省與𩌾同意疑卽羆字　雲按釋能釋龍皆近似而與篆文中□字未詳當讀爲羆古之以羆名者先秦兩漢以來甚多定爲羆字無疑□與邑尊□邑卣□臤尊□𥟁卣□相似四器下皆有曆字與此器曆亦同博古圖嘯堂集古錄薛氏鐘鼎款識及阮氏積古齋均釋作蔑歷阮氏云古器文每言蔑歷皆勉力之義是蔑歷卽爾雅所謂蠠沒後轉爲密

勿又轉爲黽勉小雅十月之交黽勉從事漢書劉向傳作密勿從事是也此器文作王蔑庚羆曆與敔敦王蔑敔曆事段敦王蔑段曆竝同若依阮氏所釋連文爲義則不得分析用之今按說文禾部有穖禾也甘部有曆和也從甘從麻麻調也甘亦聲讀若函按周禮凡會膳食之宜牛宜稌羊宜黍豕宜稷犬宜粱鴈宜麥魚宜苽鄭注會成也謂其味相成也古文義簡言穖則凡黍稷麥粱皆該之矣曆則調和膳食之宜也詳繹銘文上言王格于庚羆宮下言王穖當是王所御之食也庚羆曆則庚羆調和膳羞以進獻也因進獻而錫貝作器紀之以彰寵賚也㮶或釋作宅

如左傳丹桓宮之楹若謂又丹雘其一屋上言王格于庚
羆宮故又及其屋也翁蒳房中丞云說文丹巴越之赤石
也當讀如字翁叔均云丹彤省弓矢之飾書文侯之命彤
弓一彤矢百儔諸侯有大功賜弓矢柵讀爲櫜說文柵與
檺音義竝同古老子櫜作桄從庀與從㡿同櫜所以盛弓
矢說文櫜車上大櫜詩曰載櫜弓矢又彤一櫜言又錫以
彤弓矢一櫜也不言弓矢者省文猶元黃之幣但言篚厥
元黃也雲 按說文丹古文作彤彤厤散氏盤三見釋作柵未
詳其義廣韻檺同柵陸氏曰檺卽柵之重文詩彤弓受言
櫜之櫜韜也卽大櫜也厤釋檺省櫜自無疑義文姑爾雅

父之姊妹爲姑文姑猶它器言文祖文考文父文母尊稱非謚也歐陽公集古錄載伯庶父敦爲王姑周姜作與此正同家讓之云說文鬻注涼州謂鬻徐鍇作糜爲鬻從鬲機聲或作粖鬻饘也饘卽餈之重文荀卿書酒醴餈鬻內則曰取稻米舉糔溲之小切狼臅膏以與稻米爲酏此周禮酏食也鄭司農云酏食以酒酏爲餅後鄭不從謂酏餈也直破酏爲餈內則取稻米云云正作餈字按禖問志云內則餈夾糝周禮酏夾糝酏在飲中不合在豆且內則有餈無酏周禮有酏無餈明餈酏是一也故破酏從餈也並本賈疏段氏云鼎中有肉有菜有米以米和羹曰糜二者饘之類許

書鬻鬻鬻鬻鬻鬻鬻凡七文皆謂鬻但有米和肉不和肉之别銘中穖卽糨字穖糨形聲皆合但昜米從禾與鬻之昜食作餗鬻之昜食作餌一例也又省鬻與鬻之省作羹鬻之省作煮一例也說文曆訓和段氏證以周禮凡和春多酸夏多苦秋多辛冬多鹹調以滑甘申從麻之恉然則庚羆進王所御之食必有如周禮食醫掌和王之六食六飲六膳百羞百醬八珍之齊之官言蔑曆者王之膳羞得其和言穖某某曆者並繫臣下和王膳羞以進者之名也他器或繫名或不繫名如邑尊云公姞命邑人名治田邑蔑曆錫馬錫裘敀尊云敀人名蔑曆仲業父錫□金敀拜稽首

對揚業父休並繫名於茂曆二字之上若敶卣云敶從師淮父戍于古阜茂曆錫貝則繫名從師之上文雖小異亦可通矣並存之以資參攷

周亶卣

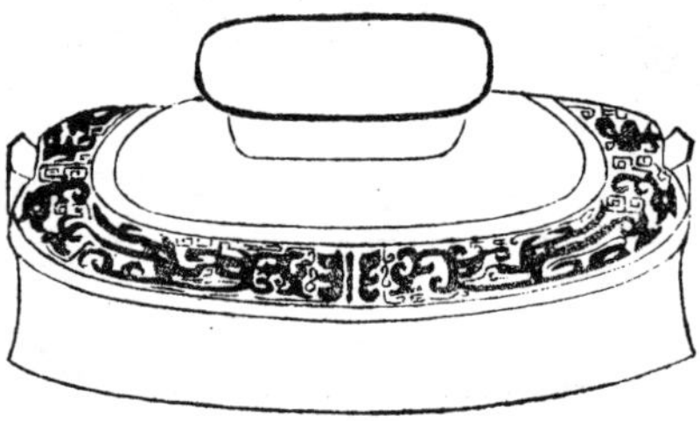

器櫨圓有蓋通高今尺六寸七分合提梁至底七寸七分深四寸三分器口前後徑三寸左右徑四寸一分腹前後徑四寸七分左右徑五寸三分圍一尺六寸六分底前後徑三寸六分左右徑四寸八分重今庫平七十二兩

疐作寶尊彝

蓋釋同

右𧶠卣舊藏積古齋釋爲𧶠乍器者名一釋乍惠古文惠从𠁁𠦬薛氏款識盄和鐘晉姜鼎惠字皆與此略同余按薛氏盄和鐘晉姜鼎兩惠字篆文一乍𧶠一乍𧶠鐘銘云畯惠扗位鼎銘云眉壽乍惠吕文義繹之當釋乍惠斷不能乍𧶠此卣𧶠爲乍器者名無文義可攷援薛氏兩惠字吕爲證則此𧶠亦當斷爲惠字今標題仍從積古齋定爲𧶠

周師酉敦

器高今尺四寸七分深三寸二分口徑五寸四分腹徑六寸八分圍二尺一寸一分底徑五寸八分重今庫平一百十二兩

唯王元年正月王在吳格
吳太廟公族鳿釐入右
師酉立中廷王呼史秝門冊
命師酉司乃祖商官邑及
虎臣西門節能節奉秉節
京節弁人節新錫女赤市
朱黃中㬎攸勒敬夙夜
勿廢朕命師酉拜稽首
對揚天子丕顯休命用作
朕文考乙伯究姬尊敦

酉其萬年子=孫=永寶用

右銘文一百八字阮文達公云古籍周王無適吳事此吳古虞字也詩周頌不吳不敖史記孝武紀引作不虞不驚左傳五年傳虞仲吳越春秋作吳仲漢書地理志云武王封周章弟中於河北是爲北吳後世謂之虞又史記吳世家每以中國之虞夷蠻之吳分別言之者亦以吳虞同字也蕭山王進士宋炎云左氏傳曰太伯虞仲太王之昭又曰宋祖帝乙鄭祖厲王謂諸侯始封得立出王廟然則虞太廟當是太王廟也古者天子適諸侯必舍其祖廟莊二十一年傳言王巡虢守其時虢公方爲王卿士也虞與虢

皆稱公疑虞先君亦有爲王卿士者故王巡其守知是虞非吳者穆天子傳載天子南登于薄山寘軨之隥宿于虞當卽其事吳則無文以應之鳿鸞之鳿從孫淵如觀察釋字從工從鳥象形與無專鼎鳿字相類特文有繁省耳秝字從禾從片卽䆁字廣雅云欞棺也其當謂之䆁字通和呂覽云見棺之前和和門爲史名猶鳿鸞爲公族名古人少二名此二人皆二名也或曰他器右者與史皆舉其名此但舉其官言公族在廟祝鳿鸞而入右王呼史於和門而冊命酉和門軍門也見周禮大司馬注此器銘變例說可尌存司讀爲嗣商通商殆師酉之祖爲商官食采邑周

初不改卽命酉嗣守之也商或釋作啻以爲酉祖名亦通虎臣宿衞之職及作乁見薛氏款識齊侯鐘西門節門關之節也能通熊字見虢叔大林鐘銘熊節疑同虎節汗簡奉字作[illegible]說文奉字作奉此作[illegible]下𠬞亦象手承之形是古奉字也秉字說文訓爲禾束從又持禾秉節當是圭委積之節卽貨賄之璽節也京王都京節則守邦國之玉節也畀說文訓爲舉八節土國之使節也曰奉曰畀義同執持之意也㬎卽䪅字春秋傳䪅靷鞅靽皆所以馭馬說文䪅作韅訓爲著掖鞥鞥字訓云轡鞥一曰龍頭繞者秦公孫縶字當爲子䪅禮檀弓作子顯省文此作㬎又顯之省

也王進士云究字从宀从口从九口者國邑也九鬼古通用商時有鬼侯國侃叔云究古宄字古宄軌通从口者古人以口爲規故以爲聲義究古亦作弃留鼎云弃伯弃法也與此究姬同義仲䱷父敦云皇考辟伯王母辟姬義亦同辟軌並訓法也文載積古齋鐘鼎款識有蓋文與器同

甲寅春得此器於江都荒市郎阮文達公所藏

周師酉敦蓋

蓋高今尺二寸一分口徑五寸六分重今庫平三十一兩

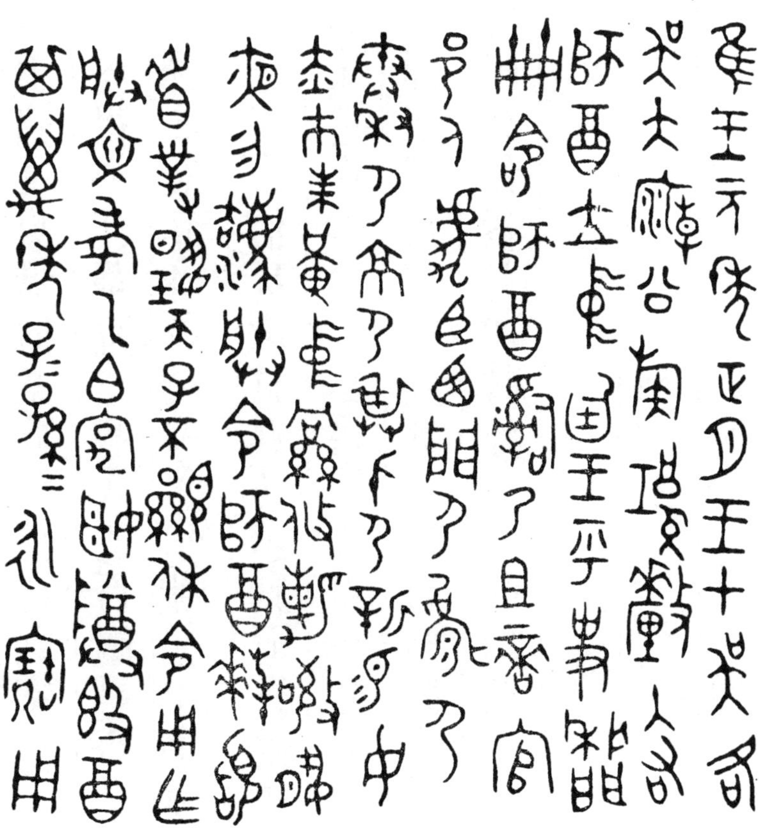

右師酉敦蓋銘文與器同案此器舊爲阮文達公所藏余於甲寅季冬得於江都荒市載入二百蘭亭齋金石記時蓋已佚公訪求未獲後爲友人金香圃方伯㠯誠購得之知器在余處書來借玩數日遲畱不歸而香圃遽歸道山頻年屢索未還今春金氏㠯遷家檢點箱籠見之遂并器蓋歸余延津之配出諸意外此中信有呵護之者亟刊入彝器圖釋附於器後茲記其離合緣起如此

# 周師酉敦二

器通高今尺七寸一分深三寸七分口徑六寸一分腹徑七寸六分腹圍二尺四寸五分底徑六寸四分重今庫平一百四十兩

器

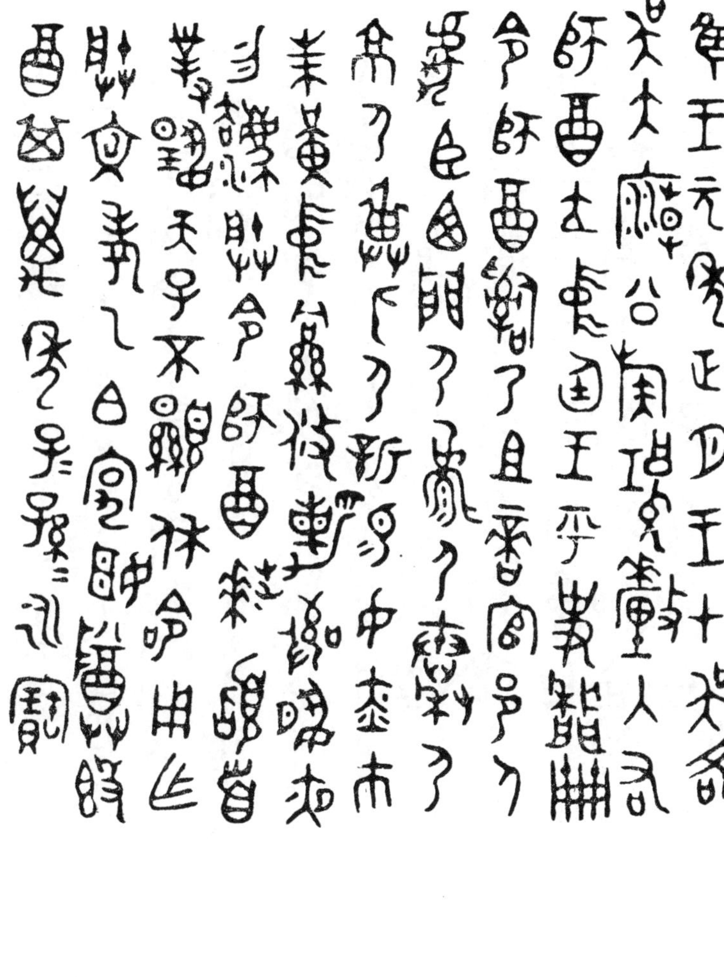

蓋

隹王元年正月王才吳各吳
大廟公族鄭釐入右師
酉立中廷王乎史墻冊命
師酉嗣乃且啻官邑人虎
臣西門夷㠱夷秦夷京
夷畀身夷新易女赤市朱
黃中絅攸勒敬夙夜
勿灋朕令師酉拜稽首
對揚天子不顯休令用乍
朕文考乙白宄姬尊簋
酉其萬年子子孫孫永寶用

釋同前器

右師酉敦器蓋俱全器銘一百零七字蓋多一用字與前一器形制銘文皆同當爲一人所造舊藏海甯陳受笙孝廉均後歸朱筱漚太常鈞亦東南著名之器也

# 周岑妃敦

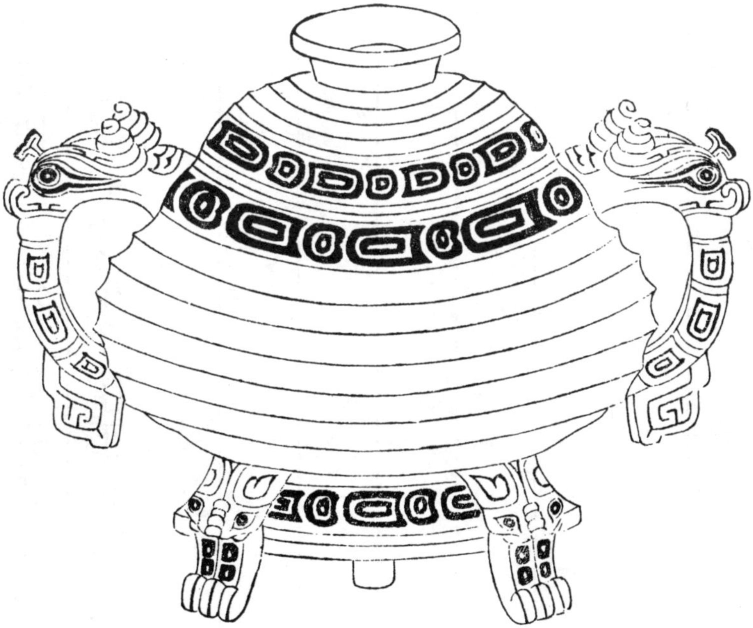

器通高今尺八寸深四寸一分口徑五寸九分腹徑八寸圍二尺四寸九分底徑七寸重今庫平一百六十兩

器

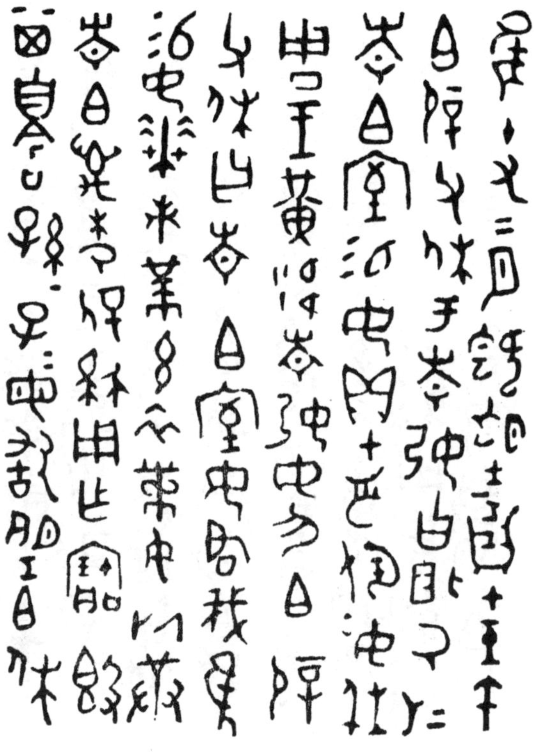

蓋

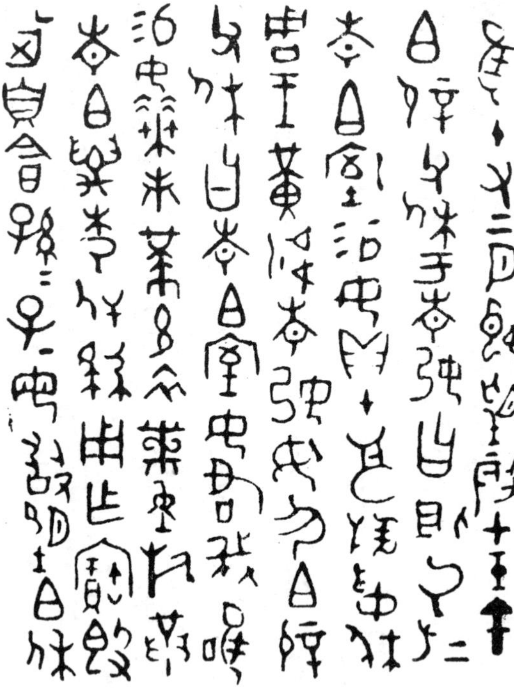

惟十又二月既望辰在壬午
伯辟父休于岑妃曰祖乃左
岑伯室錫女貝十甬埶□我
周王黃□岑妃女勿伯辟
父休曰岑伯室女君我唯
錫女華赤芾元衣帶束旂革
岑伯萬年保蘖用作寶敦
其自今日孫孫子子毋敢望伯休

右岑妃敦器蓋銘各八十八字其文與積古齋所載楷妃彝相類當同時所作器也岑釋岑國名左釋左吕積古齋釋象形禮月令角斗甬鄭注甬今斛也今从之[illegible]釋爲埶郎禾穜與商父尊銘鍚秉埶埶字同義之積古齋釋作又有也猶保也余按之應作勿說文解勿字云州里所建旗象其柄有三游雜帛幅半異所以趣民故遽稱勿勿禮記禮器勿勿乎欲其饗之也注勿勿猶勉勉也大戴記曾子立事君子終身守此勿勿也注同勿皆訓勉銘曰岑妃女勿者勉之之辭也段氏注勿字象其柄謂右筆也余按右筆似未象形向以段氏所注爲疑今觀篆文之下多一小

直正象柄形足爲許君解字之證古器物可以羽翼經史

字書如此三游三彡也中少一游古篆筆畫每有增省汗

簡與龍敦彡字皆作四游無足異也积積古齋釋䡴通綏

今从之

# 周封敦

器通高今尺六寸三分深四寸一分口徑四寸八分腹徑七寸圍二尺一寸五分底徑五寸重今庫平八十六兩

蓋

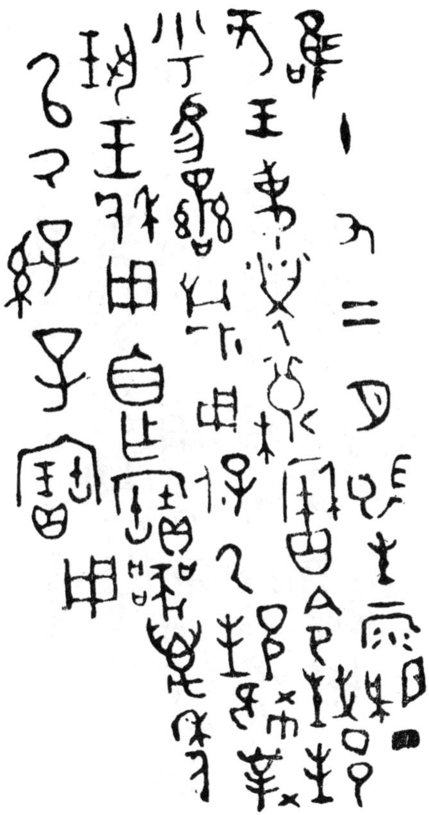

器

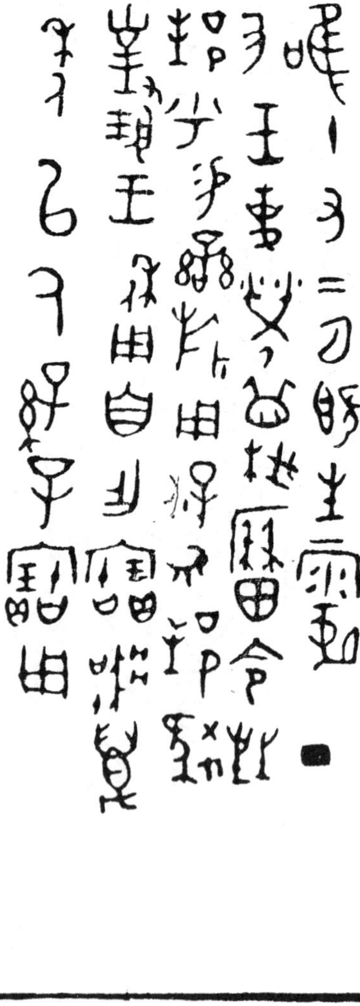

唯十又二月既生霸丁
亥王事艾穫麻令封邦
乎錫緣旂用保乃邦隸對
揚王休用自作寶器萬季
㠯乃孫子寶用

唯十又二月既生霸丁
亥王事艾穫厤令封
邦乎錫䜌旂用保乃邦䋣
對揚王休用自作寶器萬
年吕乃孫子寶用

右封敦器蓋銘各四十四字徐籀莊釋曰乂上从兩火下从刀燒薙之象本艸乂字讀爲乂安之乂卯敦乂字正从兩火以國名讀若艾穢古文蔑厤通歷蔑歷二字古器銘屢見蔑歷猶云揚歷揚歷本鄭氏古文尚書盤庚下見文選魏都賦劉注蓋懋德懋功之意敉从𡉀从攴見說文玉篇讀若枉按此爲康叔名蓋封字異文古人名如契作偰亦作禼皐陶作咎繇伯益作柏翳此類甚多隸从彖从聿字同肆韵下器字隸字積古齋彝器款識楢妃彝釋云帛楢伯萬季保彝燕肇于彝按楢妃彝當作縣伯彝楢當作縣縣肇之象彝當作隸義同脊燕當作敢與下文母敢望伯父休敢字同文帛縣伯萬年保隸句敢肇于彝句肆餘也與夏肆肆字同義銘文曰王事乂與書序成王既伐管叔蔡叔合曰蔑歷與左傳選建明德合曰命封邦與左傳命以康誥封於

兩罍軒彝器圖釋卷六　封敦　三六

殷虛書序封康叔作康誥酒誥梓材合曰呼錫鸞旂與左傳分康叔以大路少帛綪茷旃旌合曰用保乃邦肆與左傳殷民七族書序殷餘民康誥用保乂民用康保民小人難保應保殷民若保赤子合其爲康叔器無疑矣書金縢鄭義居攝四季封康叔作康誥康誥鄭義是時周公居攝四年是康誥惟三月哉生魄爲四季之三月今以尚書大傳二季克殷竹書紀季三年遷殷民于衞史記衞世家以殷餘民封康叔爲衞君周公乃申告康叔康誥鄭義王若曰總告諸侯及是銘惟十又二月參孜證之始封康叔當在三季之十二月至四年三月乃作康誥惟據漢書律歷

志周公攝政五季正月丁巳朔推之四年無閏三季十二月無丁亥日有閏則丁亥拄二十三日或二十四日與銘云既生霸不合未敢遽定耳此敦舊爲張叔未所藏今在余齋籀莊釋文頗爲博辨錄之以俟參考

周兄光敦

器高今尺四寸三分深三寸二分口徑五寸八分腹徑七寸腹圍二尺二寸五分底徑六寸七分重今庫平八十一兩

光作尊敦其
兄
壽考寶用

右兄光敦銘十字按阮氏積古齋謂兄兊爲一字合文猶庚子西夏之例稱兄者弟爲作器也

# 周惠敦

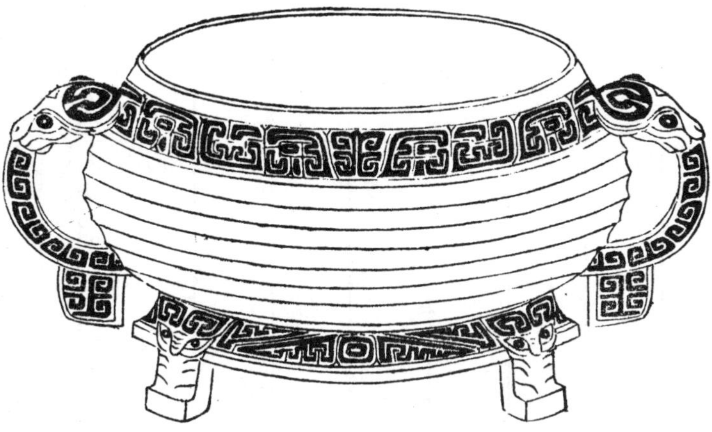

器通高今尺五寸五分深四寸口徑六寸腹徑七寸一分

圍二尺三寸底徑六寸三分重今庫平八十四兩

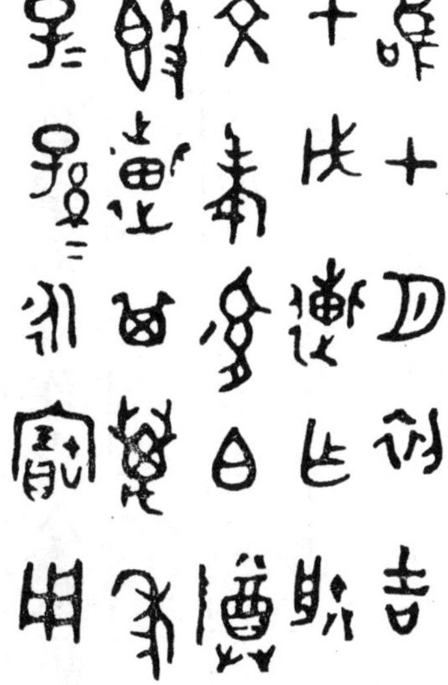

唯十月初吉
甲戌惠伲朕
文考允伯尊
敦惠其萬年
子=孫=永寶用

右惠敦銘二十七字按是敦張尗未於嘉慶壬戌春同宋芝山購於京師內城隆福寺集載入阮氏積古齋彝器款識第六卷辥張尗未从薛氏款識盄和鐘晉姜鼎釋㐌惠積古齋釋作彙亦釋作壼今从惠

周伯到敦

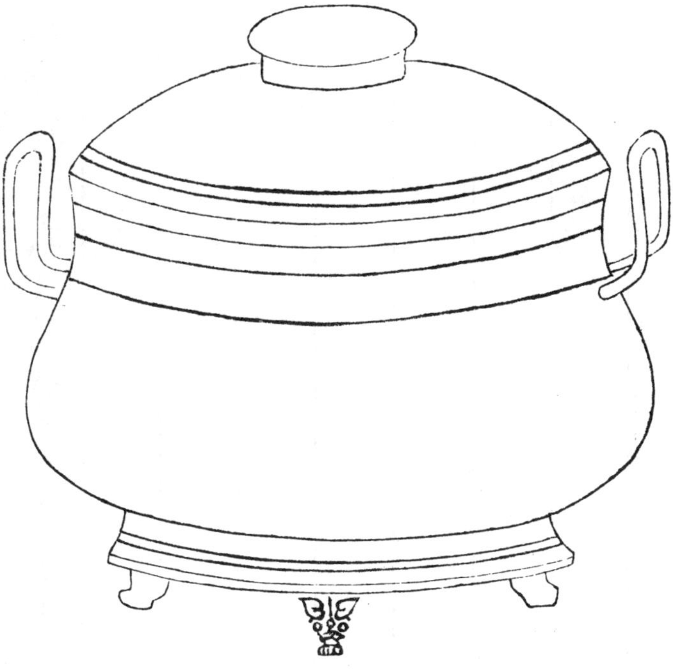

器通高今尺七寸七分深三寸五分口徑六寸一分腹徑七寸圍二尺二寸八分底徑六寸二分重今庫平一百三十九兩七錢

伯到作孰敦

蓋釋同

右伯到敦銘曰伯到作孰敦按到作器者名伯到如伯員伯冏之類孰釋孰說文孰食飪也韵會孰本作孰後人加火段氏說文注曹憲曰顧野王玉篇始有熟字禮明堂位有虞氏之兩敦注敦之爲器有蓋有𦣻盛黍稷周禮珠槃玉敦注古者㠯槃盛血㠯敦盛食薛尚功鐘鼎款識引劉原父先秦古器記曰敦者有虞氏之器周禮有金敦玉敦玉敦㠯盛血金敦㠯盛黍稷薛氏又謂器有祭器有用器㫺之人神祀享之禮其彝器食飲每通用之既㠯人道祀乎神可㠯神道享乎人矣此家廟中與夫平日燕居之器皆得銘而用之初無別也此曰作孰敦者當爲盛食飪之

器也

# 周史頌敦蓋

蓋高今尺二寸六分口徑七寸八分重今庫平四十六兩

惟三年五月丁子王在宗
周命史頌德穌澤友里君
百生帥隅盩于成周休右
成事穌賓寵馬三匹吉金用
作𤼈彝頌其萬年無彊日
匡天子覲命子=孫=永寶用

右史頌敦蓋銘六十三字徐籀莊釋曰宗周謂鎬京史內史頌名得德通慶賞之謂德[illegible]即穌字蘇省文侯氏名瀏古澤字[illegible]象獸形蓋古文昊[illegible]象回帀形即口字合爲藪牧之象从水則爲澤矣澤友里地名君猶尹也百生其人名[illegible]古隅字从章城隅之象隅通作偶副貳也盩即抽字引也去也于往也成周謂洛邑休美又右省助也言君百生帥其副貳去往他邑所謂休右成事此其命辭也賓賓頌也字通儐[illegible]即龍字通作寵儀禮覲禮侯氏儐使者諸公四馬儐太史亦如之此曰馬三匹井見禮有隆殺[illegible]古匡字曰匡猶云曰襄也[illegible]字亦見追敦彼當釋佋覲即書

之覲揚也此當釋佀定卽詩之定命也故卽以此爲頌禱之辭與畯臣天子霝終同意蘇卽曹戴伯蘇竹書紀年宣王三年曹公子蘇弑其君幽伯彊又史記曹叔世家幽伯九季弟蘇弑幽伯代立是爲戴伯戴伯元年周宣王已立三歲此曰三年其爲曹戴伯蘇無疑丁子丁亥戊子二日也德蘇一節丁亥日事蘇儐一節戊子日事蓋王命頌慶賞蘇地而頌以其事佀彝器也雲

於甲子年初夏游庽泰州世好鍾桐叔攜此敦蓋相贈因憶嘉興張尗未藏有史頌敦適行篋有拓本取以相較銘文恰合特不知器之形製大小合否聞亂後此敦爲金蘭坡所得轉售於人不復

知其踪跡己巳秋親家潘季玉方伯物色得之試以此蓋
相配形製大小無絲毫或爽遂舉以爲贈俾成合璧此蓋
不知何時離散乃於三千秊之後卒能離而復合是必有
神物呵護之者因附記之

周仲五父敦蓋

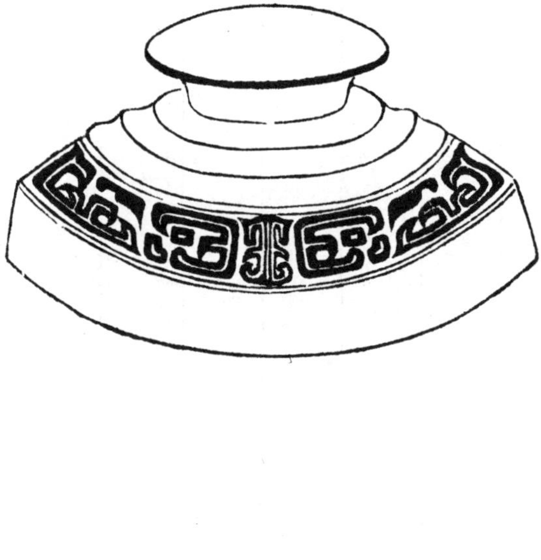

蓋高今尺二寸三分徑六寸七分重今庫平三十三兩

仲五父作敦
其萬年永寶用

右仲五父敦蓋銘十一字舊爲劉燕庭方伯所藏載入長安獲古編中郇仲字⊠釋爲五今從之

兩罍軒彝器圖釋卷七

周夔壺

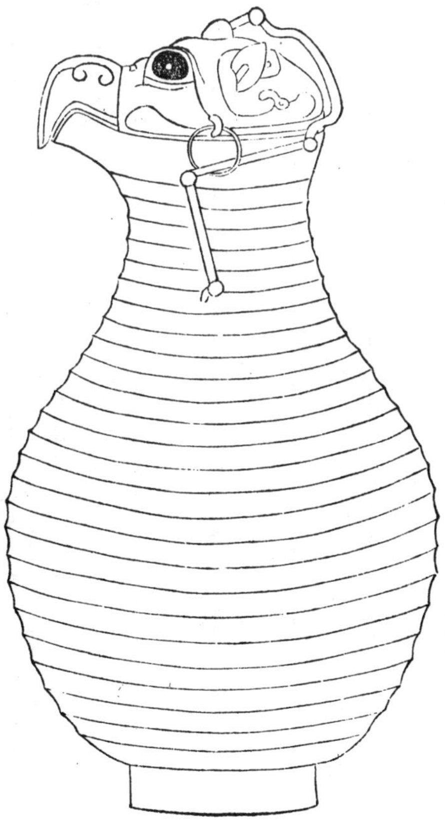

器圓有蓋獸頭鳥嘴通高今尺一尺二寸三分合揩疊提梁至底一尺四寸五分深九寸七分器口前後徑五寸二分左右徑三寸五分腹徑六寸八分圍二尺一寸九分底徑四寸重今庫平一百四十五兩

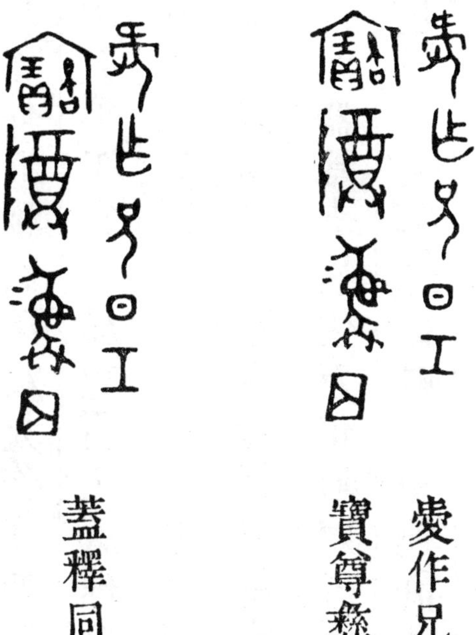

夔作兄日工
寶尊彝□

蓋釋同

右愛壺器蓋銘各九字按第一字□釋作愛或釋作受此作器者之名無文義可繹姑定爲愛字古器銘子爲父作則稱父孫爲祖作則稱祖弟爲兄作亦如之日工未詳按書予齊百工孔傳工官也禮記百工咸理監工日號注百工皆理治其事工師則監之日號令之銘曰日工或當時有此官書闕有間亦未可定古器銘或稱官或稱名或稱氏無一定也此器爲李眉生方伯所贈形制奇古彝器中罕有之珍也□字未釋陳壽卿太史述許印林瀚釋□字云按□即□既字从□象人舉手从手既聲乃摡字此又省其皂耳集韻八未摡抚同字注云博雅取也一曰拭也

或作抚正其字矣筠清館金石錄卷三有周叔寘敦釋其銘云叔寘作旦寶尊彝舉吳子苾式芬手校寘爲宿旦爲日壬二字案古器銘日乙日庚日辛並廟主之稱日壬蓋與同例云兄日壬者弟爲兄作器也此日壬疑與彼器日壬同爲一家作彼末字作[illegible]諸篆書皆載舉古文作[illegible]此銘末字作[illegible]當即其變體壽卿謂抚字殊確壬字無疑並存以俟叅攷

# 周虢季子壺

器高今尺一尺三寸三分深一尺一寸六分口徑前後三寸九分左右五寸四分腹徑前後六寸左右九寸底徑前後五寸三分左右八寸鐶徑四寸二分腹圍二尺四寸五分重今庫平三百九十二兩一錢五分

虢季
子組作
□壺子
孫〓永寶
其用享

右銘文曰虢季子組作口壺共十九字按[illegible]古文組字佀器者名[illegible]未識或釋爲飼字通飤博古圖有飼鼎飼者蓋飼糧也王介甫謂行食爲糧或鼎可用之於行食壺亦可用之於行食耶姑存之竢攷此器與商立戈父丁彝已贈李眉生方伯

# 周史僕壺蓋

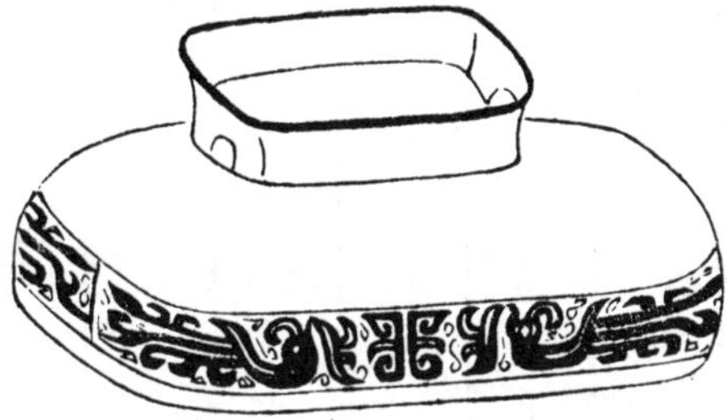

蓋高今尺二寸二分前後徑三寸七分左右四寸七分重

今庫平十五兩

史僕作尊壺
僕其萬年子子
孫孫永寶用享

右史僕壺蓋銘十七字舊藏積古齋傳釋仩僕

# 周芮太子簠

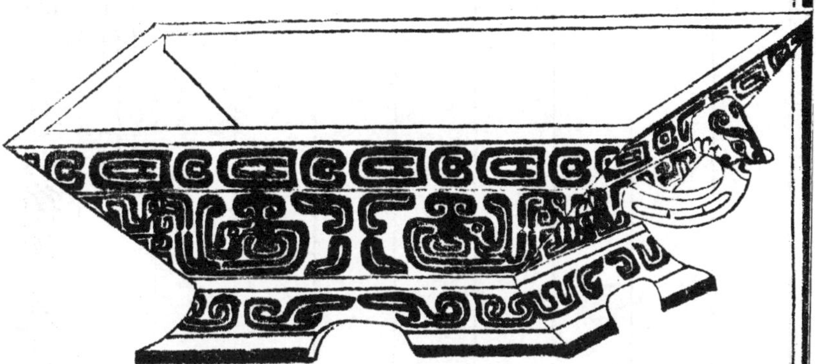

器高今尺二寸八分深二寸前後徑八寸八分左右徑一尺九分重今庫平一百四十兩

芮太子作
簠其萬年
子=孫=永用

右簠銘十四字陳壽卿太史云內大子上从內內卽芮釋爲芮太子芮國名與茲太子同義

# 周魯伯俞簠

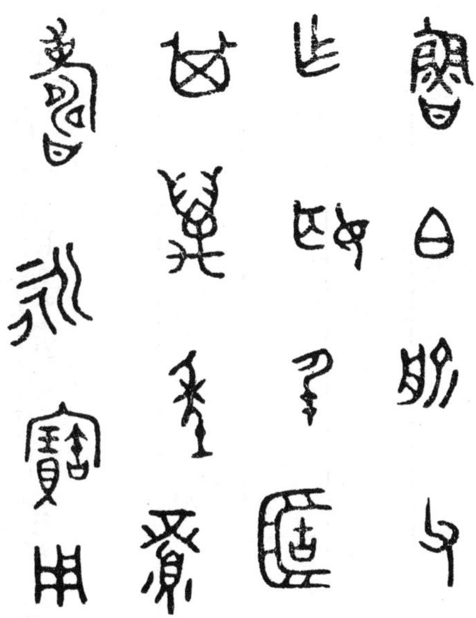

魯伯俞父
作姬年瑚
其萬年眉
壽永寶用

右銘文十六字與筠清館金石錄所載曾伯愈父簠同筠清館據搨本摹入肜字校此銘肜字下多二一點釋作愈此當釋俞[illegible]字未詳筠清館作年茲仍其說器已殘缺輕重尺寸不載

# 周曼龔父簋

器高今尺三寸六分深二寸八分口前後徑五寸二分左右徑七寸腹圍二尺三寸八分底前後徑四寸八分左右徑六寸八分重今庫平六十一兩

曼龔父作寶
簋用享孝宗
室用匄眉壽
子=孫=永寶用

右曼龔父簋銘文二十二字舊爲曹秋舫所藏積古齋據拓本摹入左傳鄭有曼伯後爲曼姓亦作鄤龔父作器者之名也

# 周旅簋蓋

蓋高今尺二寸深一寸二分前後徑五寸六分左右徑六寸九分重今庫平三十二兩

□叔作旅簋
子=孫=永寶用

右旅簋蓋銘文十二字按𠟭或釋則說文則从刀从貝古文作劓亦作剈又作𠟭今篆形近似疑是則字此作器者之名無文義可繹姑闕竢攷

# 周伯春盉

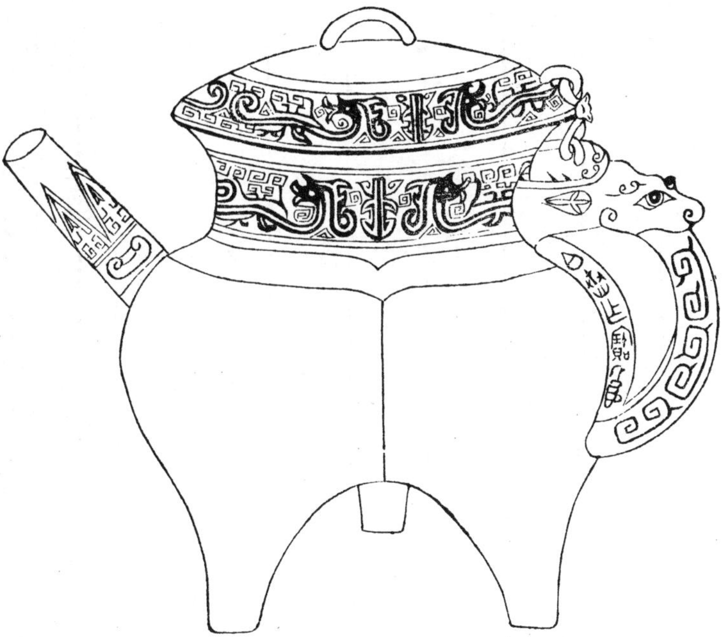

器幷蓋通高今尺六寸深三寸五分徑五寸腹圍一尺五寸九分三足有流有鋬重今庫平七十二兩

伯春作寶盉

右伯舂盉銘五字舂家讓之疑是杵臼二字說文臼舂也段氏補作春臼也古者掘地爲臼其後穿木石象形中象米也又杵舂杵也從木午聲舂擣粟也從𠬞持杵以臨臼杵省此從𠬞從午正是持杵以臨之象或古時杵字如此云按說文舂作舂此篆上𠬞下臼與說文舂字正合宗周鐘銘名字下篆作名此省作名郎一字也舂是作器者名釋舂於義爲安

# 周㫷鬲

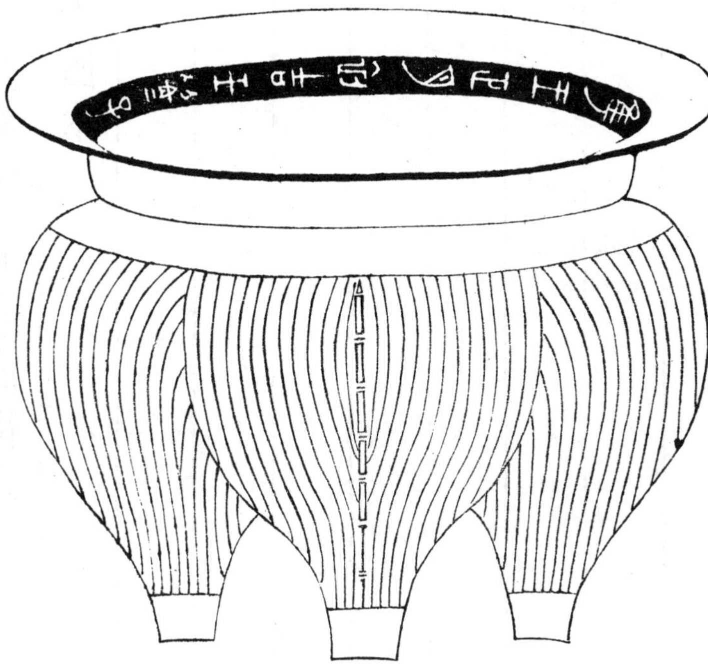

器高今尺四寸八分深三寸七分腹徑六寸二分口徑六寸重今庫平六十四兩

惟王正月初吉壬寅

子口作㠱齋鬲

銘文周器口環刻今截作兩行

右銘文十四字□或疑不類寅字按說文寅古文作□博古圖亦有□字與此正相類說文注云正月陽氣動句去黃泉欲上出陰尚強象宀不達髕寅於下也段氏云髕寅二字誤當作濥濥此器篆從□又從土正是古文之義爲寅字無疑㠱說文長踞也從己其聲讀若杞古文其□定爲㠱辥氏款識有㠱公匜釋云㠱古國名㠯作器者之名稱曰子以追享其考妣也或以爲爵非春秋僖二十三年杞子卒杜注杞入春秋稱侯絀稱伯至此夷禮貶稱子襄二十九年杞子來盟左傳杞文公來盟書曰子賤之也齊齋之省說文稷也或從次作粢禮祭統以共齊盛鄭注齊或爲粢是器

銘體篆文證以經傳皆合信爲周物惟㠯字不可識

周齊侯匜

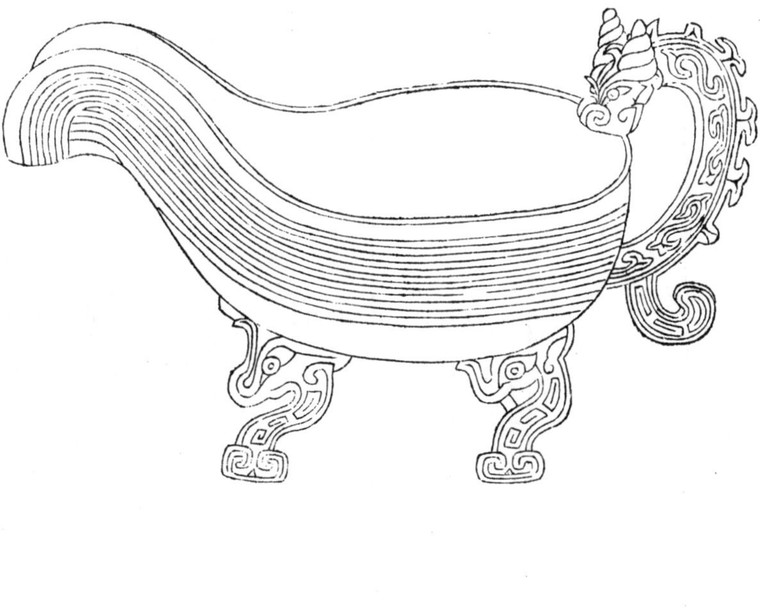

器高今尺五寸三分深三寸二分濶至流一尺二寸一分

鋬五寸八分重今庫平一百七十六兩

齊侯作虢孟
姬良女寶匜
其萬年無疆
子=孫=永寶用

右齊侯匜銘三十二字舊藏懷米山房曹氏亂後爲親家杜筱舫方伯所得先余於舊肆中見一紫檀座子刻齊侯匜懷米山房收藏數字曹氏當年講究裝潢精選名匠大約非歷數年不能蔵工吳中推爲第一余默念座子既在其器或亦可遘姑收買之越年餘筱舫從嘉興購獲古銅器數種屬余品定此匜在焉余不禁嘆爲奇遇筱舫遂割愛相贈因備記之而余耆古之癖亦於此畧見矣

兩罍軒彝器圖釋卷八

周王子申盞蓋

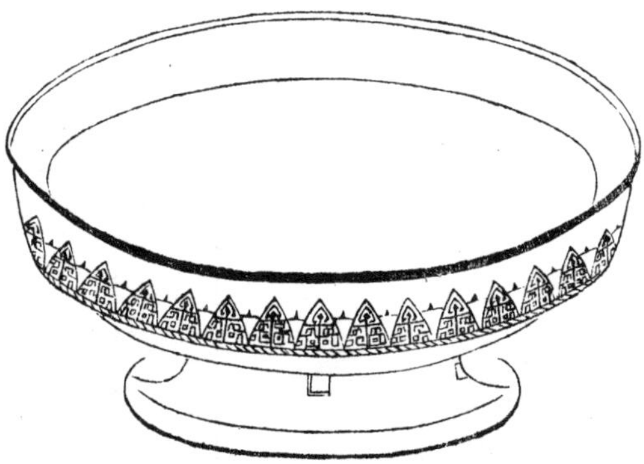

器高今尺一寸二分口徑六寸七分重今庫平二十三兩五錢

王子申作嘉嬭
盞蓋其眉壽
無期永保用之

右王子申佂嘉嬭盞蓋銘十七字舊藏積古齋釋云此楚器也廣雅釋親嬭母也廣韵嬭楚人呼母也辥書楚邛仲南龢鐘有此字他器無之此曰嘉嬭其爲楚器無疑楚僭號稱王公子皆稱王子楚王子名申見於左傳有二一爲共王右司馬成六年㠯申息之師救蔡者一爲平王長庶子字子西遜楚國立昭王而爲令尹者此篆工秀結體較長同於楚曾侯鐘曾侯鐘楚東王器子西歷相昭王惠王此可直斷爲子西器也此器形如敦蓋銘曰盞玉篇云盞盞大盂也廣雅桉盞與敦椀同釋爲盂此即盞字

# 周齊侯盤

器高今尺三寸三分深一寸五分口徑一尺一寸底徑八寸重今庫平一百六十四兩

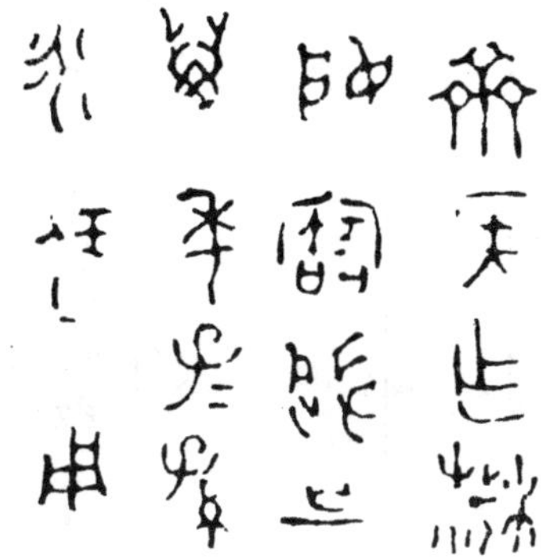

齊侯作楚姬寶盤其萬年子=孫永寶用

右齊侯盤銘文十六字款識間銅綠凹凸字多剝蝕無識者又洗剔未善磨擦致損銘中盤其寶二字皆從原器中細審得之拓本已不能辨矣按薛尙功款識載有齊侯作楚姬寶盤與此正同或卽一器也

# 周戟

右戣形制大小如圖重今庫平六兩三分按□釋戣說文□周制侍臣執戣立于東垂兵也从戈癸聲渠追切今篆作□當是□省且鐘鼎文字癸字多作□尤爲可證□郎□字右从□有執持之意其義甚古商周文字在許書之前應舍彼而从此也釋爲戣字自無疑義攷周書顧命一人冕執戣立于東垂一人冕執瞿立于西垂鄭曰戣瞿蓋今三鋒矛正義曰經所陳七種之兵惟戈經傳多言之攷工記有其形制其餘皆無文傳惟言惠三隅矛銳亦矛也戣瞿皆戟屬不知何所據也古今兵器名異體殊此等形制皆不可得而知也王肅惟云惠戈劉鉞戣瞿銳皆兵器

之名王光祿鳴盛尙書後案云鄭云劉鑱斧鉞大斧者劉鉞相對當相似戣瞿蓋亦二器相似故以爲三鋒矛也雲按先儒未見其器故皆任臆度之詞余昔年得同鄉嚴鐵橋孝廉 可均 所藏周瞿一器曾載入二百蘭亭齋金石記辛酉冬汪嵐坡茂才于申江市肆又爲余物色得此器攷其篆文定爲戣字形制正與舊藏之瞿相似自西周以來戣瞿之爲器攷工諸書所未載漢儒泊各經學家亦多未詳直至嚴孝廉 可均 始得於古器銘篆中辨證之已足破千古之疑今何幸復得此器一戣一瞿互爲印證昔賢所謂兩器相似者覩此確然有可徵信矣世有專經好古之

土當益嘆古器物之裨經史擴見聞洵非淺也㸒从晉姜

鼎釋爲取从寅簋則釋爲服俞蔭甫太史釋爲般从舟从

殳省此當是𦨖器者之名無文義可繹錄之以備參攷

周瞿

右瞿形制如圖重今庫平十一兩五錢同鄉嚴鐵橋孝廉可均曰見此器於金陵肆中其柄有形又一面亦有形初以爲花紋不之貴也越季餘友人倪小迂購得之余始悟合二形是䀠字顧命一人冕執瞿孔云戣屬鄭云蓋今三鋒矛蓋者疑辭鄭未嘗見瞿意爲之説耳古器物可以證經益信余按嚴鐵橋合二目釋爲瞿甚確後余又得一器審其篆文定爲戣二器互證正合前賢所謂相似而別者實可徵信無疑余所錄各器形制較大者其圖類多縮小獨此戣瞿二器凡援內之廣狹長短與銎孔之大小悉依原器繪摹不爽分毫蓋欲後之人便於取證不

必以體例拘也

# 周齊良鐱

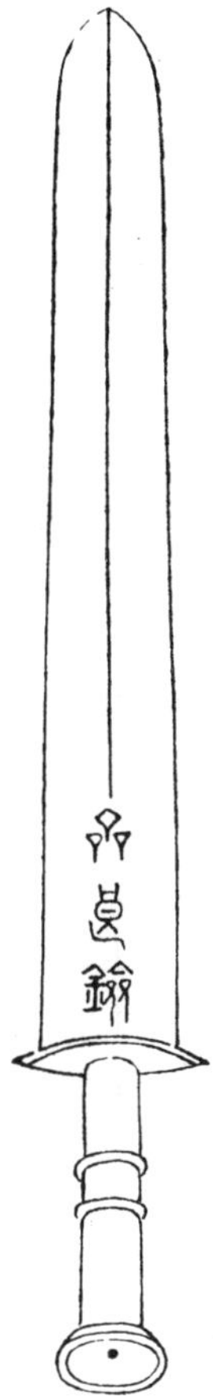

右劍臘廣今尺八分長九寸一分莖長二寸五分重今庫平九兩七錢

齊良鐱

齊良鐱

右銘文三字按管子小罪入以金鈞分宥薄罪入以半鈞
美金以鑄戈劒矛戟又按周禮內府掌良兵良器以待邦
之大用良美也良劒當卽齊之良兵器也鐱從金與吳季
子之子劒同金絲填文與積古齋所載周距末亦合

# 周高陽左戈

高陽左戈

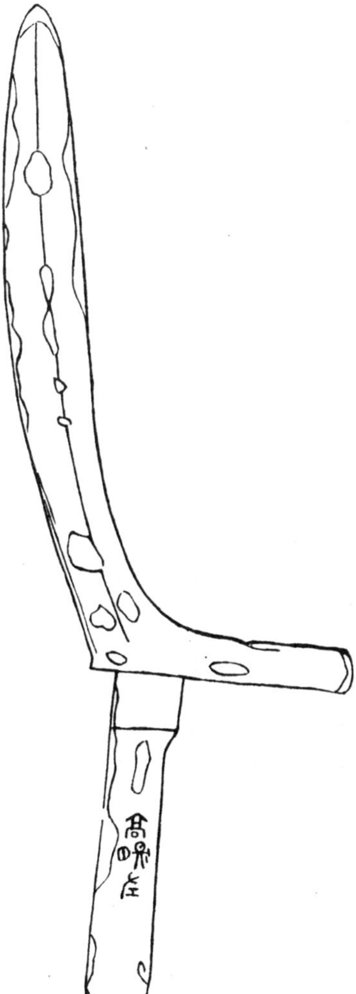

器長今尺七寸三分廣七分重今庫平五兩五錢

高陽左

右高陽左戈銘三字此器向爲阮文達公所臧按陽從日旁古通用高陽作戈者之氏其言左者阮文達謂古行軍左右有局謂之上下軍亦謂之左右軍此戈爲左軍所用故以左字志之此說最爲精確且古器中有柰右軍戈則左右之分尤其明證此器不言左軍但言左者商周文簡耳

周朕作矛

器通長今尺五寸五分闊二寸一分重今庫平八兩五錢

朕作

右朕作矛銘二字

# 農器

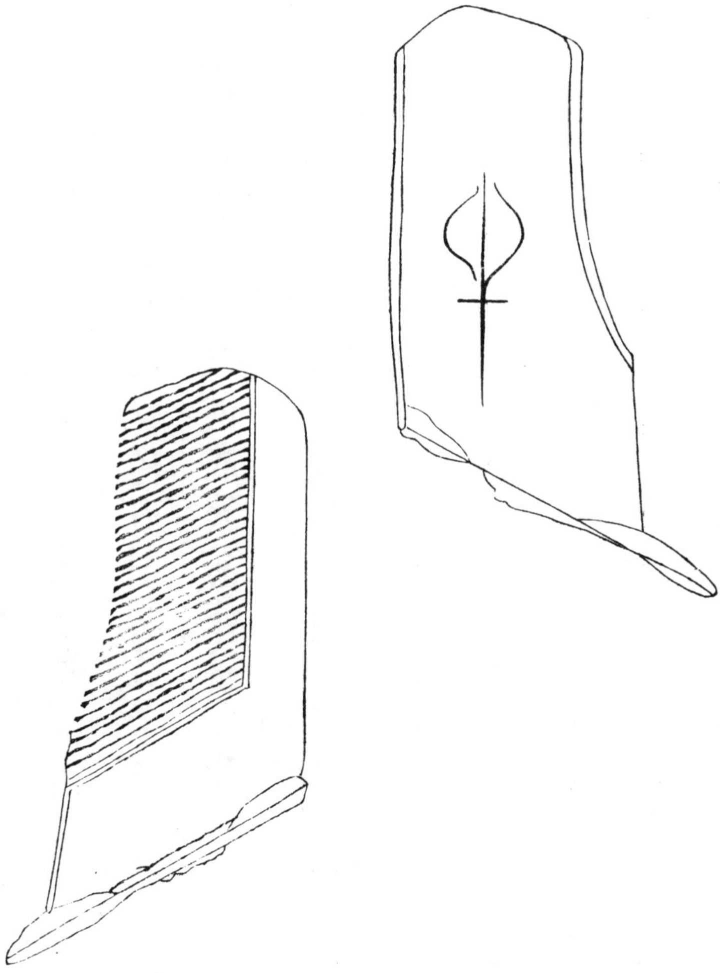

右農器廣長如圖重今庫平二兩二錢一分翁叔均所贈銘一字陽識叔均釋爲牛字當是古之農器也或曰此古時刀幣之屬余按說文錢銚也古田器从金戔聲詩曰庤乃錢鎛毛傳亦訓銚疏引世本云垂作銚宋仲子注云銚刈也然則銚爲刈器錢實同之此器有一牛字尤足爲田中刈器之証

# 兩罍軒彝器圖釋卷九

## 秦度量

詔丞相
灋度量
壹歉疑
明壹之

右秦度量殘字廣長篆文如圖重今庫平二兩五錢三分舊爲張未未所藏其全文四十字載顔氏家訓歐陽集古錄董廣川書跋阮氏積古齋亦載有二器名秦量張未未名秦度集古錄名秦度量今從之張未未云秦始皇二世時斤權度量率鐫詔文于上其廿六年皇帝盡兼并天下諸侯之四十字是始皇詔也其元年制詔丞相斯去疾之六十字是二世詔也此始皇時所鐫詔文之版本八行行五字今僅存四行十二字耳寰宇中秦金石刻泰山廿九字已燬今復出爐餘十字琅邪臺存十三行八十六字施蔓堂家之量存前後兩銘今已入百鞠溪副相家然皆二

世時物則始皇時相斯眞蹟已無隻字此眞鳳毛麟角爲人間希有之寶也又云鐫前詔者定爲始皇時器鐫後詔者定爲二世時器其一器而具兩詔者亦定爲二世時器蓋後詔明言壹灋度量盡始皇帝爲之皆有刻辭焉則始皇之斤權度量刻始皇之詔斷無可疑是器篆文較施氏量更爲典重有法自是相斯眞蹟爲千古小篆初祖矣余往讀張氏清儀閣筆記見其詳敘遘遇此器之緣愛護等於頭目亂後散失歸於余齋曾攜至邗上家攘之見之焚香拱揖正色謂余曰欲向君借取十日手拓千百分使行止坐臥觸處皆有此十二字則吾老年篆法必有進境其

傾倒如此亦饒有米老顛癡風致也此器與漢永始鼎皆

亾九兒承溥於亂後市肆中物色得之溥兒年僅及冠已

補博士弟子員其於金石篆刻殆有天授所作篆隸古趣

橫生詩詞亦雅有宋元人風格乃天不永其年余亦悲傷

致病擱筆者多季其手蹟爲兒輩檢藏殆盡余亦不忍啟

視也今家藏彝器圖釋一書攷訂卒業哀溥兒之未及見

附記於此不自覺其老淚之盈睫也

漢永始鼎

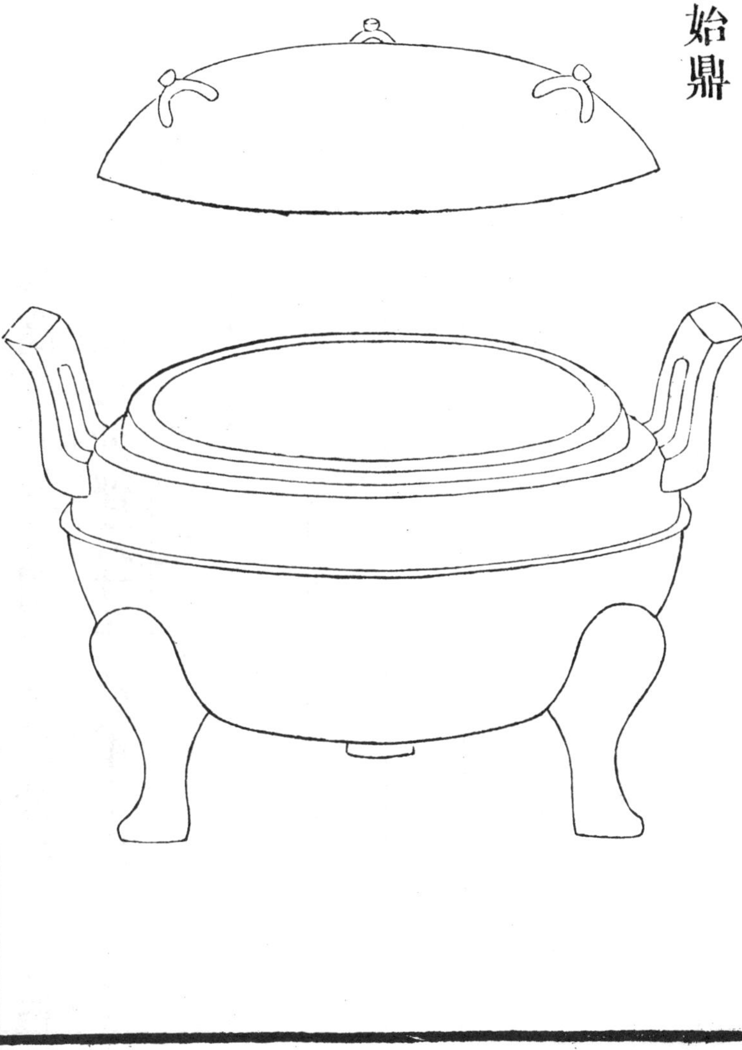

器通高今尺五寸耳高一寸五分闊一寸二分深三寸四分口徑六寸腹圍二尺三分徑六寸六分重今庫平六十七兩

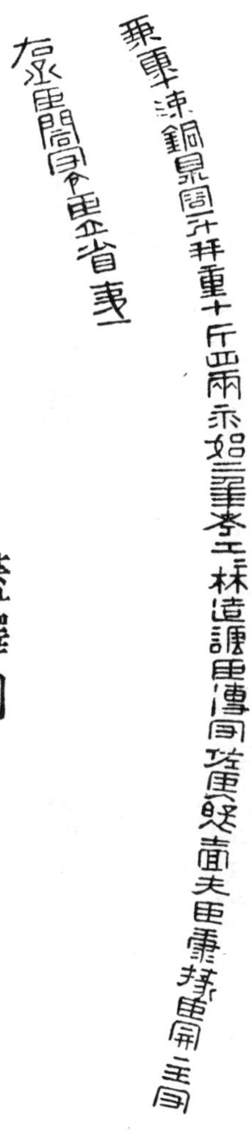

蓋釋同

乘東十湅銅鼎容一斗并重十斤四兩永始二年考工林造護臣博守佐臣褒嗇夫臣康掾臣閎主守

右丞臣閎守令臣立省第一

右永始二年鼎器蓋銘各四十九字按首一字釋爲乘字春秋莊十年公敗宋師于乘邱杜注乘邱魯地　大清一統志乘邱故城在今兖州府滋陽縣西北復攷兖州所屬有萊蕪縣元和志韶山在萊蕪西北二十里其山出鐵漢置鐵官至今鼓鑄不絕唐書地里志萊蕪有鐵冶十三銅冶十八銅坑四按其地里實在乘邱東北鼎銘第二字應釋爲東字乘東者蓋指產銅之所與鼓鑄之地也十湅銅鼎者十成數也十湅言鍊冶之精也博古圖載有漢綏和壺其銘有三十鍊銅壺同此義也陳壽卿太史藏有永始三年鼎寄余拓本此鼎佀於二季容一斗重十斤四兩數

第一彼鼎仳於三季容二斗重十八斤數二百八十其監造省工之臣互有同異輕重大小亦不相類一年之間爲數已如此此之多流傳有攷亦畧見當日制度焉

漢永元洗

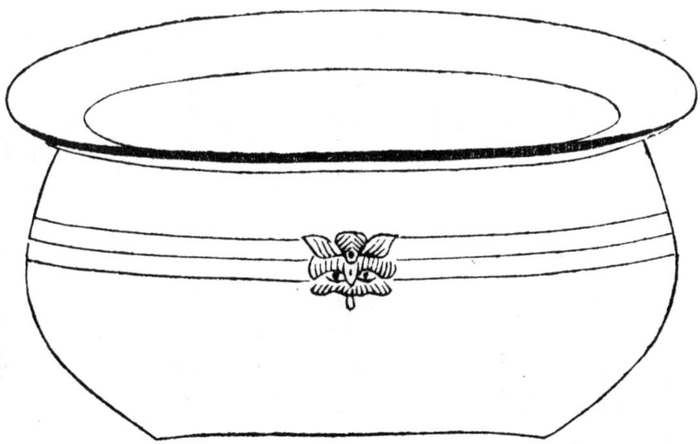

器高今尺五寸徑一尺九分圍三尺五分重今庫平六十六兩

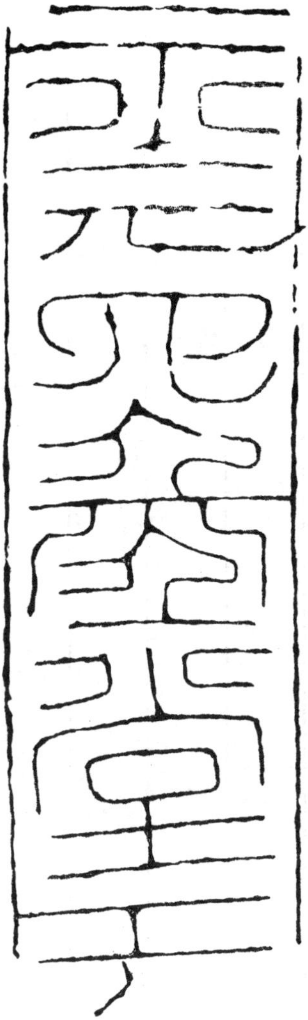

永元四年堂□

右洗銘六字曰永元四年堂口按永元爲漢和帝季號堂乃作器者姓名末一字有剝蝕未識

漢董氏洗

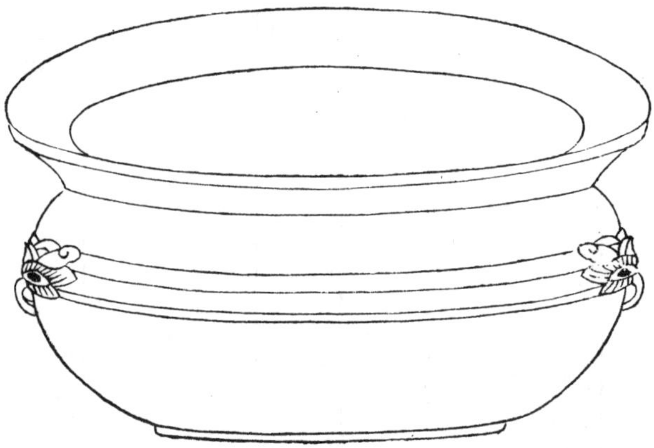

器高今尺四寸一分深四寸口徑九寸二分腹圍二尺六寸重今庫平四十八兩

董氏

右董氏洗爲周縵雲侍御所贈按洪氏隸續載有董氏二洗一款曰董氏□好一款曰董氏器字在左方中圖一鼎鼎上有禽洪氏謂雖無季月可攷卻非魏晉人字畫乃一人所作亦可證董姓之从童也今此洗董正从童與洪氏所載合當同爲董氏所作器也

# 漢黃山鐙

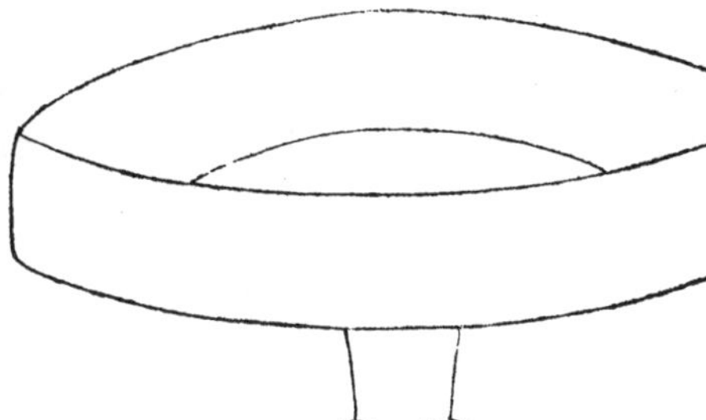

器高今尺四寸三分上盤徑三寸二分底徑二寸七分重今庫平十六兩五錢

黃山第三

黃山第四

右黃山宮鐙舊爲張叔未所藏銘曰黃山第四按漢書地理志右扶風槐里縣有黃山宮孝惠三年起三輔黃圖卷三黃山宮在興平縣三十里水經注渭水又東北逕黃山宮南東方朔傳曰武帝微行西至黃山宮故世謂之遊城此鐙蓋當季離宮之器也黃字从芡从臼四字積畫爲之張尗未云西京妙蹟古趣天成翁覃溪載入兩漢金石記阮文達公載入積古齋彝器款識翁氏評爲漢蹟第一他詩詠之詩長不錄

# 漢銅鼓一

右銅鼓高今尺一尺八寸面徑三尺二寸三分腹圍八尺一寸五分花紋如圖重今庫平七百八十四兩按　西清古鑑云此器多謂之諸葛鼓蓋武侯渡瀘後所鑄然攷馬伏波平交趾亦鑄銅爲鼓則先諸葛已有之矣今嶺南一道廉州有銅鼓塘欽州有銅鼓村博白有銅鼓潭則因以爲地名矣大抵兩川所出爲諸葛遺製而流傳於百粤羣峒者則皆伏波爲之也余按後漢書馬援傳援好騎善别名馬於交趾得駱越銅鼓乃鑄爲馬式注裴氏廣州記曰狸獠鑄銅爲鼓鼓惟高大爲貴初成懸於庭剋晨招致同類來者盈門豪富子女以金銀爲大釵執以叩鼓叩竟留

遺主人也據此則伏波之前固已先有銅鼓矣朱竹垞作銅鼓攷而謂鑄自諸葛不知何所據也且古者制器多有銘文款識以記年月獨流傳銅鼓見之載籍及經目驗者從未聞有款字似非中朝所制裴氏廣州記所載較爲可信

# 漢銅鼓二

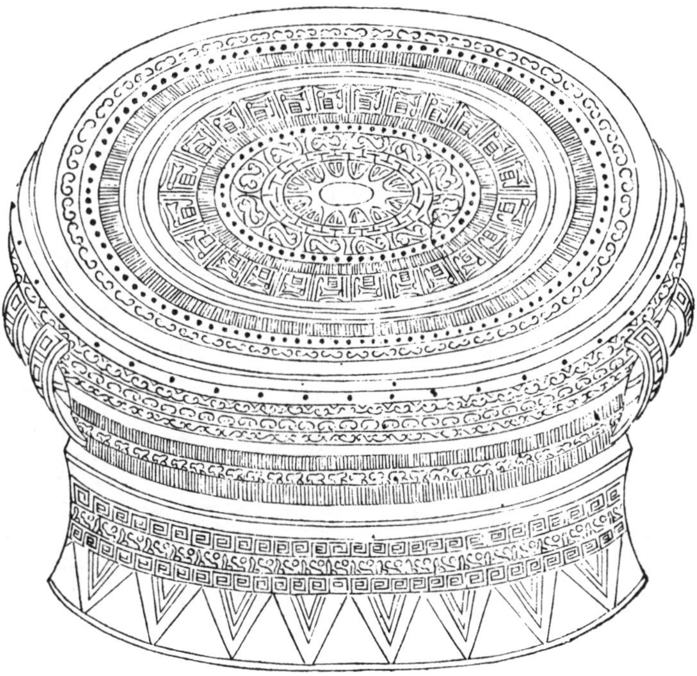

右銅鼓高今尺八寸九分面徑一尺六寸腹圍四尺一寸

花紋如圖重今庫平四百七十二兩攷詳前

# 漢錞

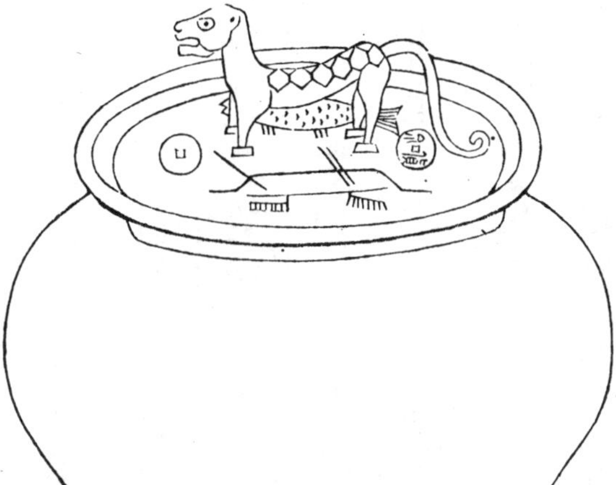

右漢錞高今尺一尺六寸上口前後徑六寸六分左右徑五寸五分腹前後徑八寸左右徑六寸八分圍二尺三寸二分下口前後徑四寸九分左右徑四寸二分重今庫平一百二十八兩面有獸鈕有貨泉並魚藻弓矢文按博古圖諸書皆繫此器於周代近日吳兎牀籑著周金錞辨張芑堂錄入金石契兎牀曰予得周虎錞面有虎鈕右一魚左一弓一戈上十字一下宜字一宜下剝落疑有闕文昔人謂錞卽錞于予别有辨周禮大司徒鼓人以金錞和鼓釋者謂虎陽獸魚陰類取陰陽和鳴之義今此右有魚而左列弓記曰諸侯賜弓矢然後得專征伐又仳立戈形皆

子孫孝享其祖考而銘其功德於斯器也上有十字蓋和鼓之錞非一此其第十錞與下有宜字宜下闕文當爲子孫字也自宋以來鐘鼎款識等書載金錞頗少惟宣和博古圖列錞一十有九然皆無銘字今此錞出後宣和六七百季而又有銘字不尤可寶哉竊疑金錞乃樂中和鼓之器而錞于軍中和鼓角之器故國語趙宣子曰戰以錞于丁甯儆其民也又黄池之會吳王親就鳴鐘鼓丁甯錞于秉鐸又云東坡志林所記能道其尺寸之詳而拙於遺詞使古器形制不可復得其彷彿甚可恨也余按兎牀所論信博辨矣然其所得之錞謂爲周器非也錞面有宜字作

宜此漢器筆法在篆隸之間決非三代文字兎牀又謂宜下當是子孫字此尤漢器中習見之詞也嘗攷前漢律歷志元始中王莽秉政欲燿名譽徵天下通知鐘律者百餘人使羲和劉歆典領條奏居攝之後改革漢家法度制禮作樂妟思復古錢法亦因之一變天鳳元季罷大小錢改作貨泉今余所藏之器面有貨泉文其爲莽時所鑄無疑援此以證兎牀所得者當同出漢代確可徵信惜余此器已付庚申劫火兎牀之錞更無從問津爲可慨也

漢刀斗

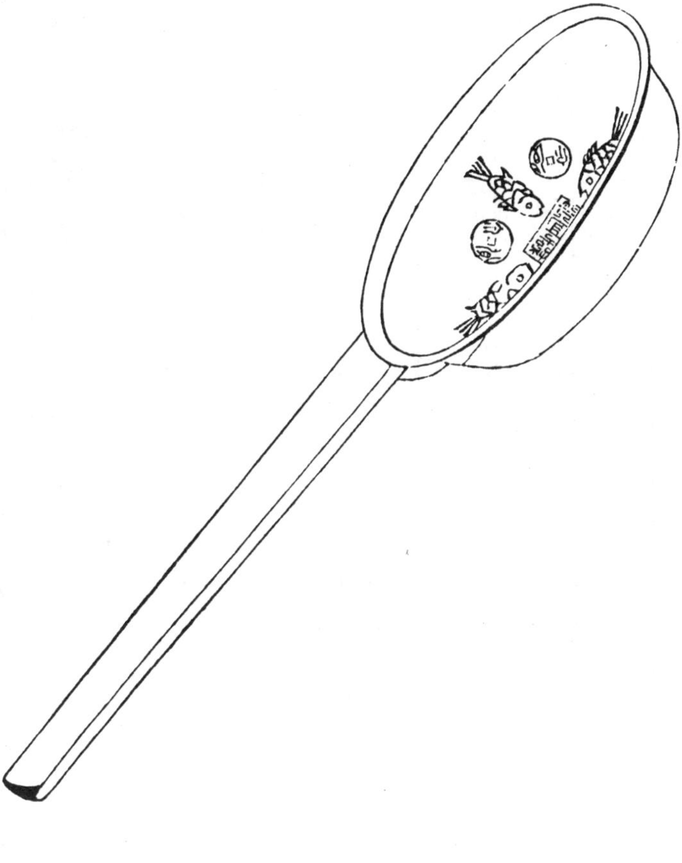

器徑今尺四寸七分深一寸三分柄長六寸二分重今庫平二十四兩六錢七分

右刁斗有魚形貨泉文中有小印曰長宜子孫按趙希鵠洞天清祿集刁斗無足鐎斗有足此器無足定爲漢時刁斗金石書中所載類皆有足者此刁斗不多見也

兩罍軒彝器圖釋卷十

## 漢張掖太守虎符

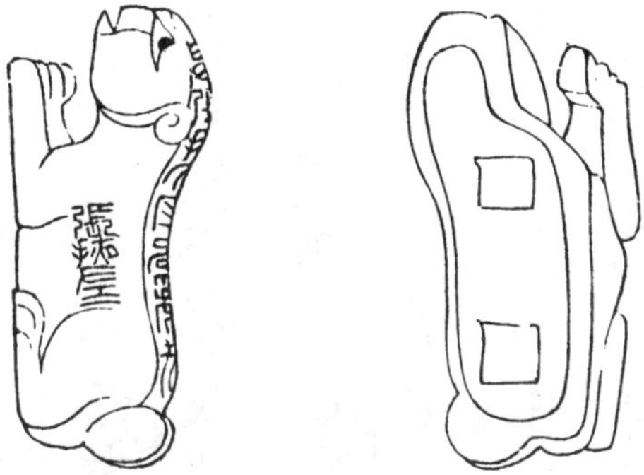

與張掖太守爲虎符

張掖左一

右張掖太守銅虎符形制大小如圖重今庫平一兩四錢七分背有文曰與張掖太守爲虎符腹有文曰張掖左一

按後漢書明帝紀注張掖郡故城在今甘州張掖縣西北元和注甘州自六國至秦戎狄月氐居焉漢初爲匈奴右地武帝置張掖郡以斷匈奴右臂百官公卿表郡守秦官掌治其郡秩二千石景帝中二年更名太守又按文帝紀二年九月初與郡守爲銅虎符第一至第五國家當發兵遣使者至郡合符符合乃聽受之師古曰與郡守爲符者謂各分其半右畱京師左以與之今文曰張掖左一左卽左以與之也一者自一至五之數也曰太

守則知爲景帝中二年以後所頒也此符字皆錯銀制作古樸青綠蒼潤欲滴眞漢器中之至精者其中作二方凹孔所以受右符之筍也

漢建平弩機

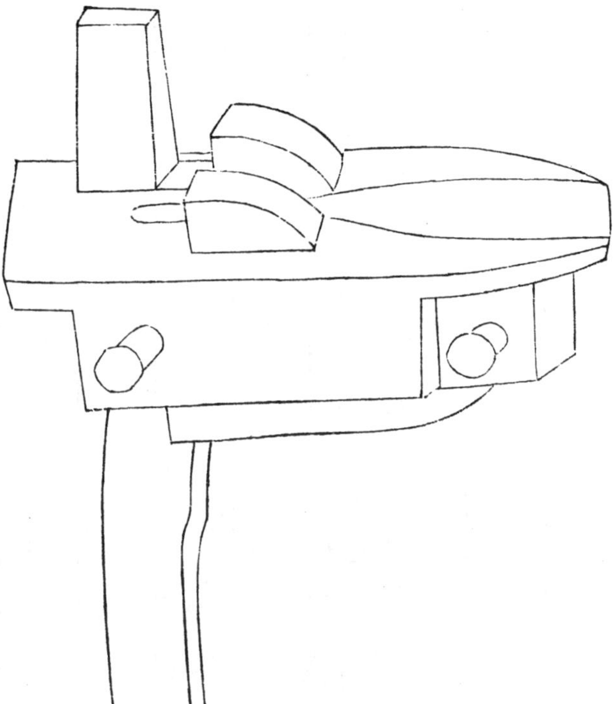

廣長如圖重今庫平十三兩一錢

建平元年四月□□□□

□百師張柔

右建平弩機文曰建平元年四月□□□□百師張柔

按建平爲漢哀帝年號張柔工師姓名也

漢孫旅弩機

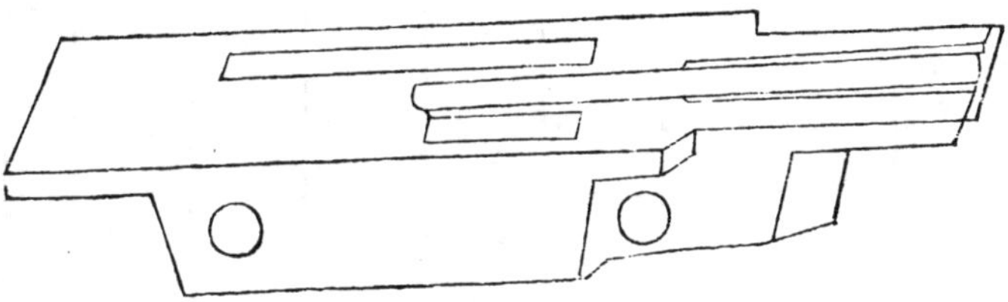

器長今尺五寸八分闊一寸二分重今庫平十三兩

孫旅都尉解贊

孫旅都尉解贊

右弩機郭銘六字曰孫旅都尉解贊牙臂俱闕舊爲張未未所藏釋之曰後漢百官志五其屬國都尉屬國分郡離遠縣置之如郡差小置本郡名世祖并省郡縣四百餘所後世稍增之又云每屬國置都尉一人比二千石此孫旅都尉當是屬國之官解贊用器之人也

漢大泉五十笵一

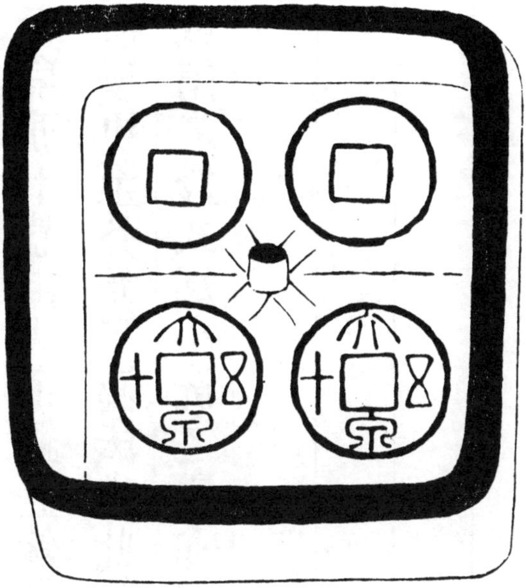

右大泉五十笵形制大小如圖重今庫平十二兩列錢四枚二面二漫背兇無文按漢書食貨志王莽居攝變漢制更造大泉文曰大泉五十蓋自武帝鑄五銖錢後閱宣元成哀平五世無所變更至莽始變漢法也此笵陽文正字峻邊不能鑄錢或謂之錢式爲小洗之屬亦似近理

漢大泉五十笵二

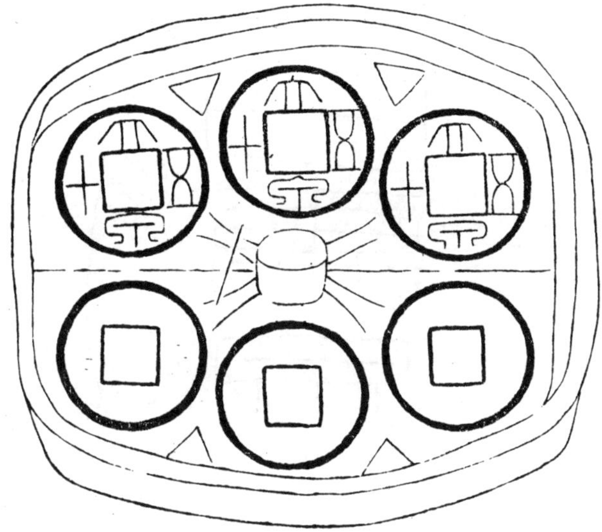

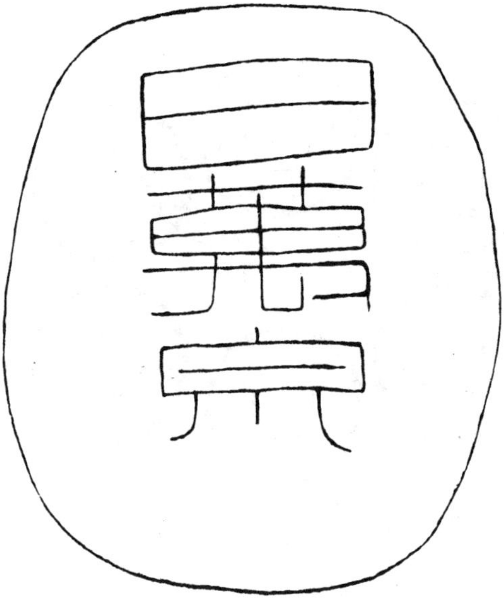

右大泉五十笵形制大小如圖重今庫平十兩背有曰萬泉三篆字舊爲張尗未所藏云於嘉慶癸亥夏日得自戴松門光會新莽大泉笵流傳尚多惟有背文者甚少此曰萬泉三字瘦勁可愛蓋漢器中之至精妙者張芑堂摹入金石契翁宜泉比部嘆爲泉笵中極品也

# 漢貨泉笵

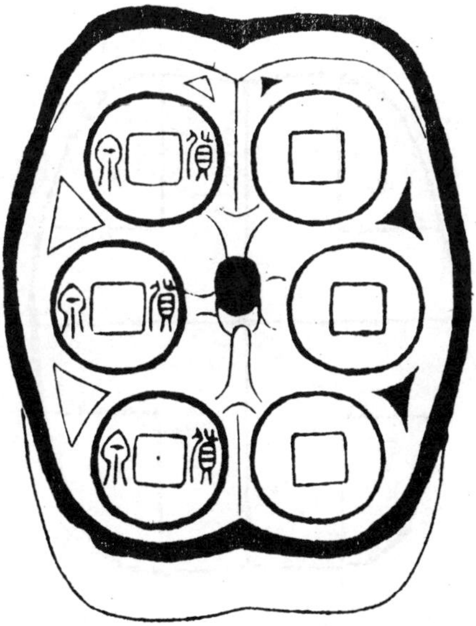

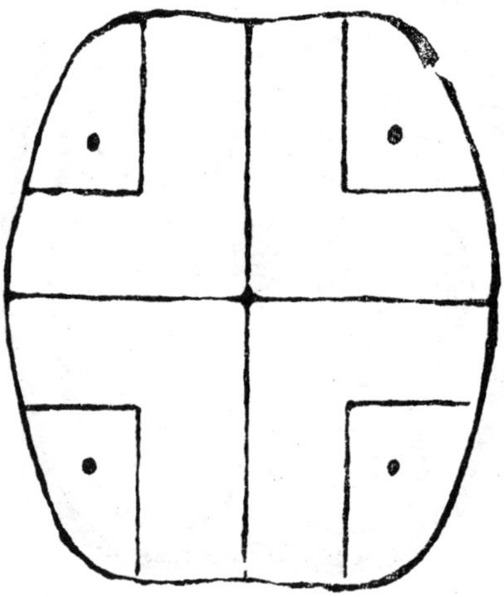

右貨泉笵形制大小如圖重今庫平九兩五錢江鄭堂藩舊有一器張芑堂摹入金石契云漢唐人泉字篆法直筆不連如九成宮醴泉銘碑額泉字亦然今說文刊本卻作連筆据此可證說文傳寫之失此笵與大泉五十笵背有三篆字者其泉字中直俱斷正與鄭堂所藏者合

# 漢契刀泉范

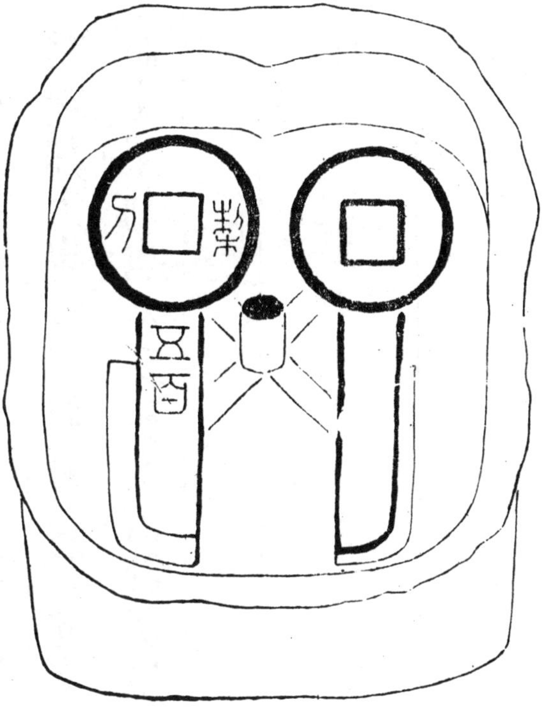

右契刀泉笵形制大小如圖重今庫平二十二兩文曰契刀五百篆法極爲精勁亦係張未未所藏按漢書食貨志莽造契刀其環如大泉身形如刀長二寸文曰契刀五百栔卽契字說文栔刻也从㓞从木苦計切泉文从木與說文正合

# 漢大布黃千泉笵

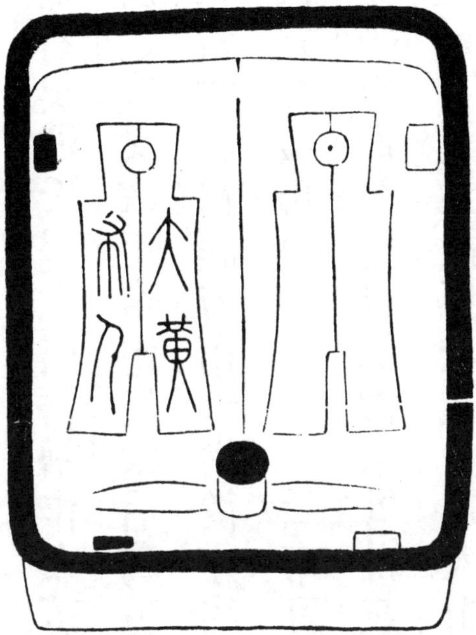

右泉范形製大小如圖重今庫平十兩三錢舊爲嘉興金硯雲忠醕所藏列布一面一漫篆文曰大布黃千張芑堂燕昌載入金石契洪氏泉志引舊譜作大黃布刀張台謂莽自言黃虞之後又改平帝定安太后爲黃室主大黃莽之自稱也意者莽之初謂刀布一物後分爲二耶趙彥衞雲麓漫鈔新莽大黃布刀文譜家皆云布刀細觀篆文中有一點卽千字也況布與刀二物不可得兼曰千者當千之用也張氏泉寶錄云此布之文乃是大布黃千旁行讀之文義自顯漢書所云莽布十品大布價值千錢意謂是歟翁氏兩漢金石記引丁傳云洪氏泉志所載大黃布刀

沿誤已久今以漢書食貨志及新莽所鑄諸布覈之當作大布黃千蓋大布其直當千也黃卽橫字古橫衡二字通詳禮經鄭康成註毛詩箋諸書橫者平也絜刀平五百之類也橫作黃者猶黌舍卽橫舍䬝颮卽黃䬝黃乃橫省可據又橫本讀黃古韵庚陽互通也自泉志至今皆以新莽自謂黃帝後裔遂順讀篆文曰大黃如大漢大唐等稱誤矣此是布非刀也方氏云此布文自應讀作大布黃千至於黃與橫通之義則存以竢攷雲　按瞿氏中溶續泉志引禮記緇衣狐裘黃黃陸德明經典釋文云黃徐本作橫音黃此黃與橫通之證也

# 漢陰文五銖泉范一

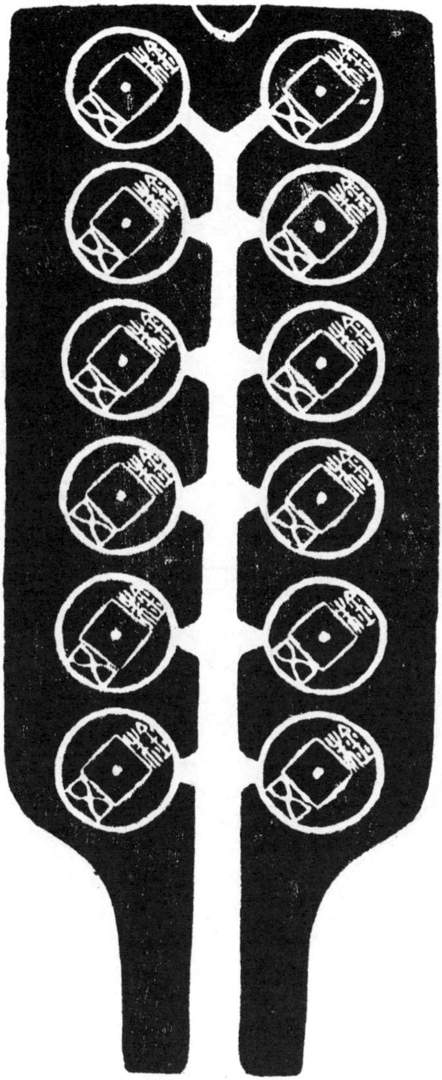

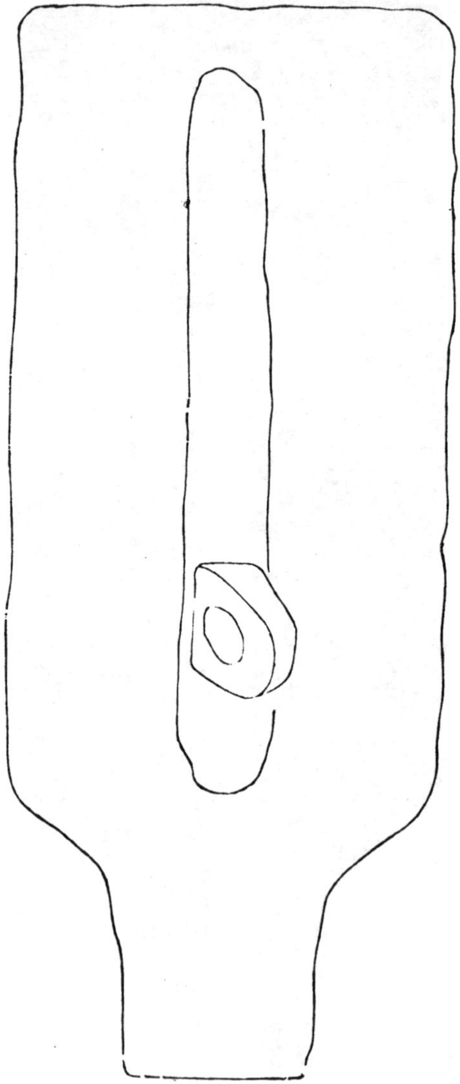

右五銖泉范長今尺八寸上闊三寸下闊一寸八分厚二分重今庫平二十八兩列泉十二枚陰文反字有凹道支流可以入銅液鑄泉爲陽文每穿孔中有細眼所以納尖釘背平無文高起一鼻有穿孔可以貫索約之使兩片不游移耳此眞泉范也

# 漢陰文五銖泉范二

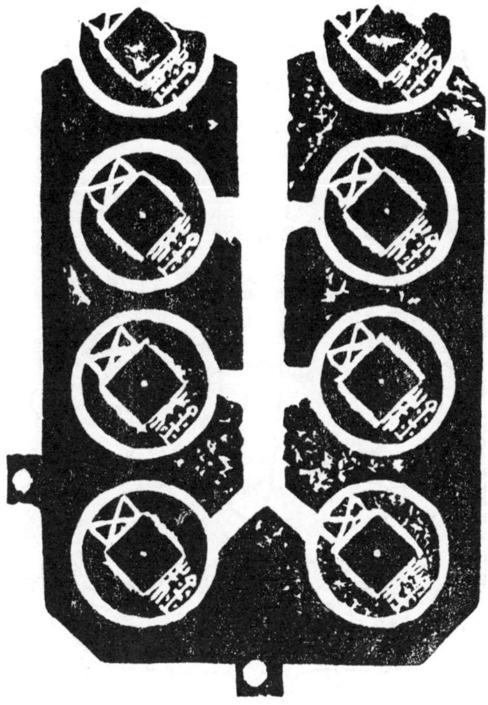

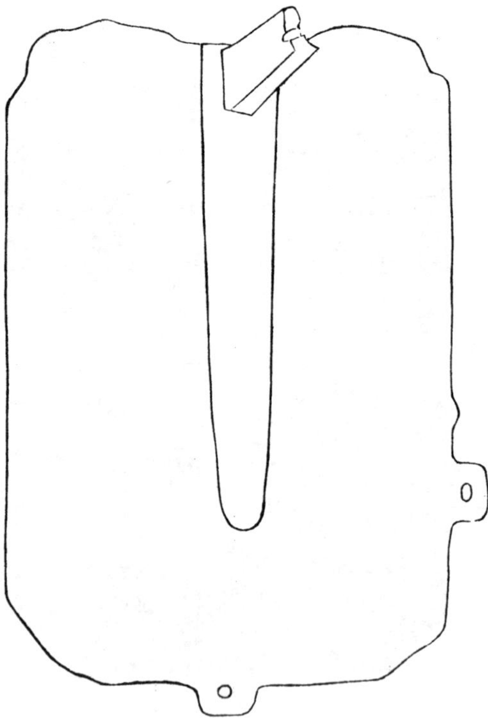

右五銖泉笵廣長如圖重今庫平九兩五錢列五銖泉八枚上斷其半與前一笵皆陰文反字有凹道支流背與邊均有穿孔可以貫索約之

漢陽文五銖泉范一

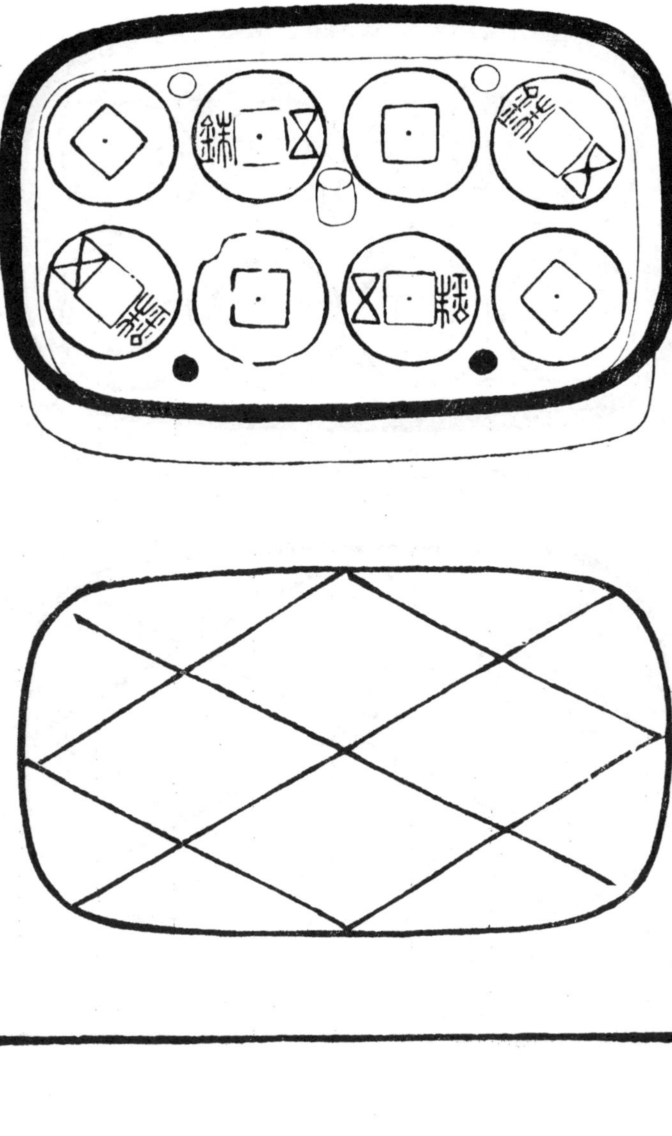

漢陽文五銖泉笵二

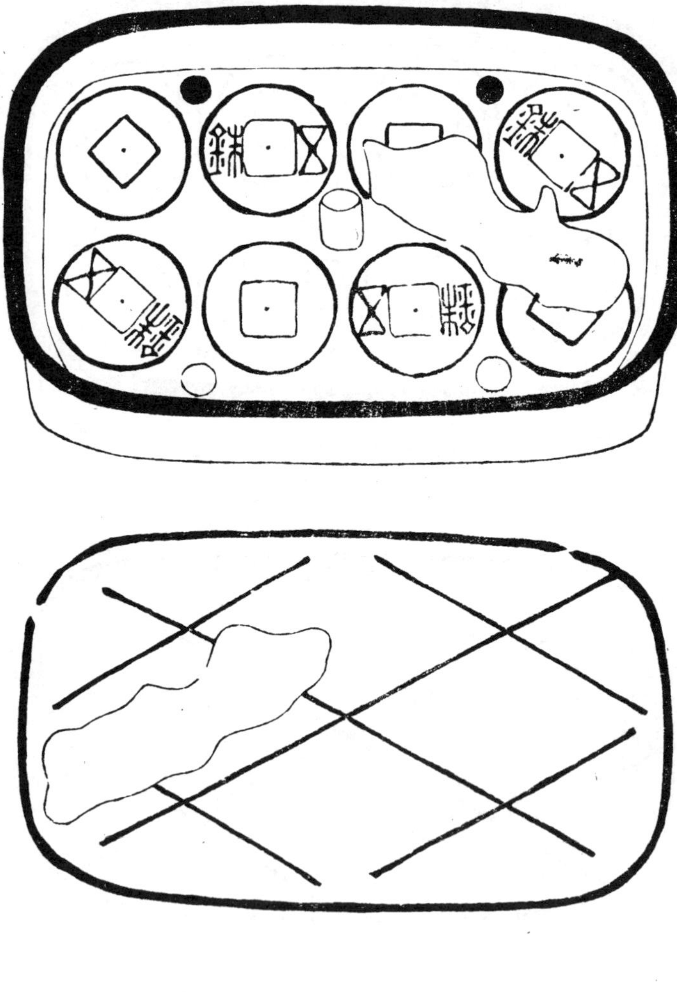

# 漢陽文五銖泉范三

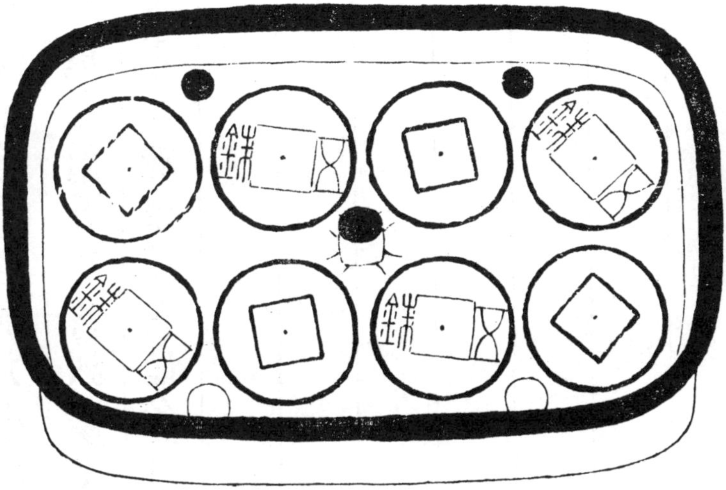

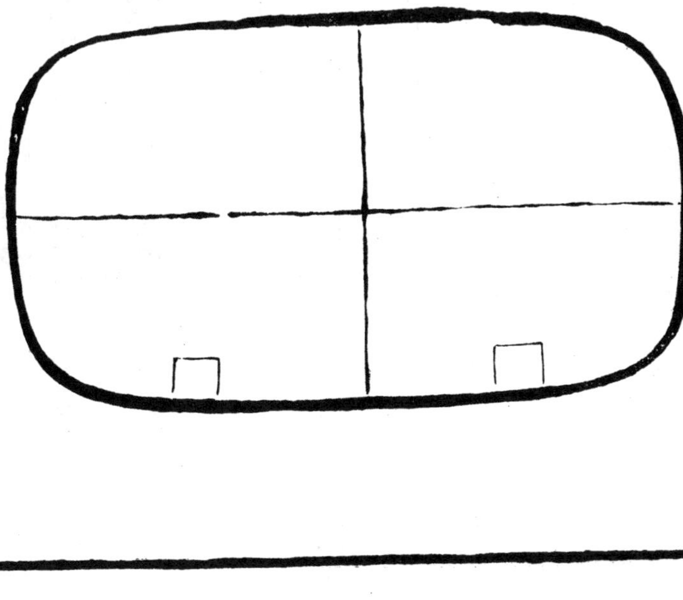

右五銖泉笵三形制大小如圖一重今庫平六兩一重五兩一重九兩五錢各列陽文五銖泉八枚四面四漫按洪氏泉志五銖泉品數最多自漢至隋代有鑄行不能備紀

# 漢斗檢封

官律
所平

鼓鑄
爲變

右漢斗檢封形制如圖重今庫平三錢二分器底銘四字曰官律所平内銘四字曰鼓[金+〇]爲口皆陽識舊爲張尗未所藏載入阮氏積古齋彝器款識吳侃叔東發云是均律施弦之器錢竹汀宮詹云是累黍起數之器趙謙士秉沖識爲斗檢封積古齋從之引注疏漢法斗檢封其形方上有封檢其内有書此器形方如斗底銘云官律所平著平肆之義内銘末一字疑是變字鼓鑄爲變者化居之義其爲通商之封壐無疑而阮氏誤識官律所平于内者實未見其器耳

漢大司馬鉤

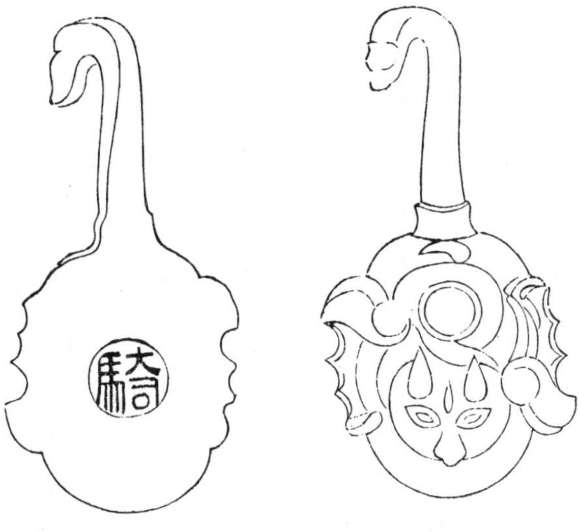

大司馬

右大司馬鉤形制大小如圖重今庫平一兩五錢按漢書武帝元狩四季初置大司馬以冠將軍之號以衛青爲大司馬大將軍見百官表此後傳志亦屢見也

# 漢虎賁鉤

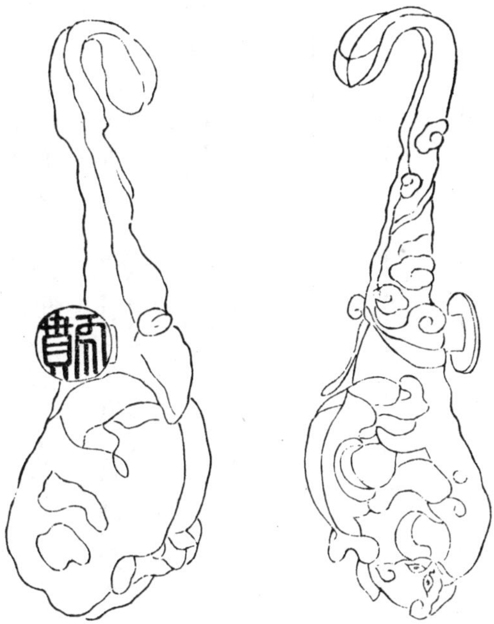

虎賁

右虎賁鉤形制大小如圖重今庫平二兩一錢五分按續漢書百官志虎賁中郎將比二千石注曰主虎賁宿衞蔡質漢儀曰主虎賁千五百人無常員多至千人戴鶡冠次右將府顏師古曰賁讀與奔同言如猛獸之奔也王莽以古有勇士孟賁故名焉

## 漢中臧府從事鉤

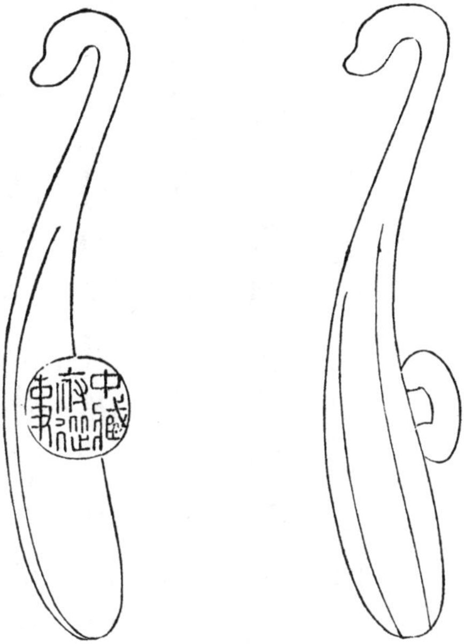

中臧府從事

右中臧府從事鈎形制大小如圖重今庫平一兩六錢五分按續漢書百官志中臧府令一人六百石本注曰掌中幣帛金銀諸貨物又郡國志諸州皆有從事史假佐本注曰其員職畧與司隸同中興但因計吏皆有從事史假佐鈎文曰中臧府從事則當日中臧府固亦有從事也可以補傳志之闕漢碑藏皆作臧後世以臧字訓善藏爲收藏遂截然分爲兩字今鈎文作臧正與漢碑合

# 漢軍曲鉤一

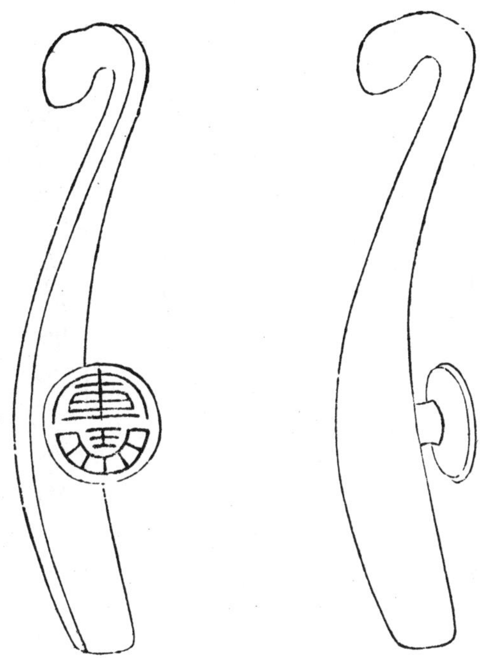

軍曲

右軍曲鉤形制大小如圖重今庫平二兩四錢二分按續漢書百官志大將軍營五部部下有曲曲有軍候一人比六百石鉤銘軍曲當是軍曲候之鉤也

# 漢軍曲鉤二

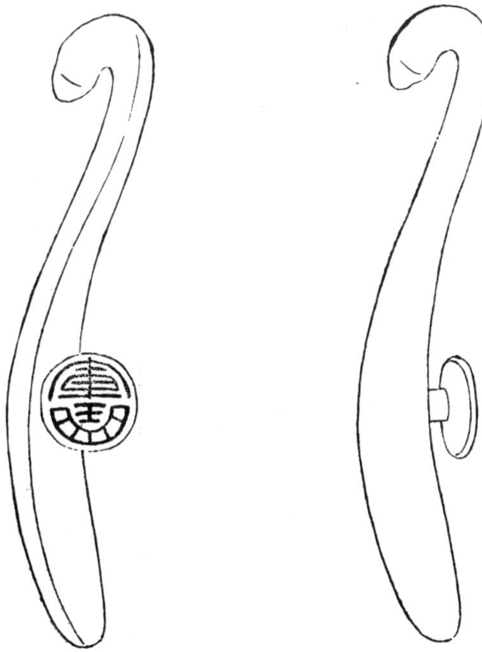

軍曲

右軍曲鉤形制大小如圖重今庫平一兩五分軍曲二字較前一鉤差小蓋同時所鑄也

漢上衛鉤

上衛

右上衛鉤形制大小如圖重今庫平一兩六錢三分按續漢書百官志有南宮衛士令北宮衛士令隋志有左右衛左右武衛此上衛或與南北左右同義竢再攷

# 漢君宜高官鉤

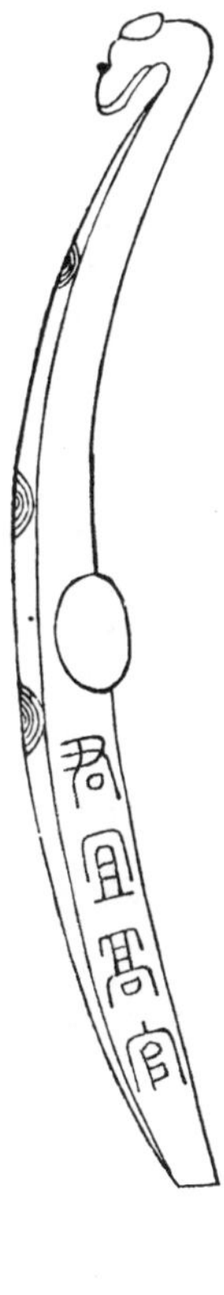


君宜高官

右鉤廣長如圖重今庫平一兩五錢按翁學士兩漢金石記有鏡銘云君宜高官四字大抵漢人鑄鏡鑄鉤多作頌禱之詞此鉤葉東卿師自粵東寄余銀絲塡文製造精樸亦漢器中之佳品也

# 漢丙午神鉤

右鉤廣長如圖重今庫平五兩舊爲阮文達公所藏按丙午者鑄鉤之日君高遷者頌禱之詞鉤嵌金銀絲身作神人鳥喙抱魚食象首作獸面故曰神鉤餘詳阮氏款識

# 漢徐豐鉤

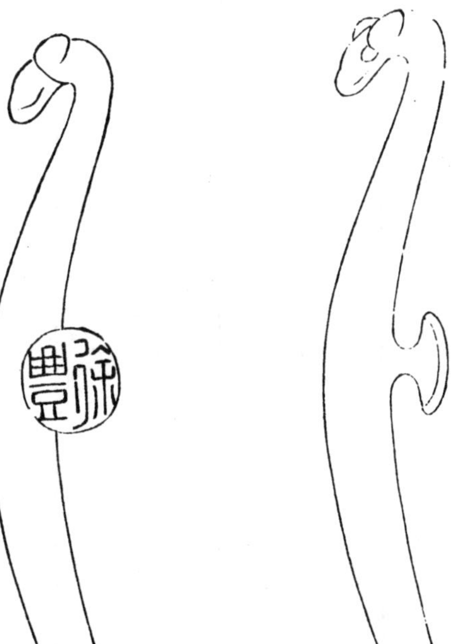


徐豐

右徐豐鉤形制大小如圖重今庫平二兩五錢二分銘曰

徐豐其人未詳俟攷

# 漢高陽鉤

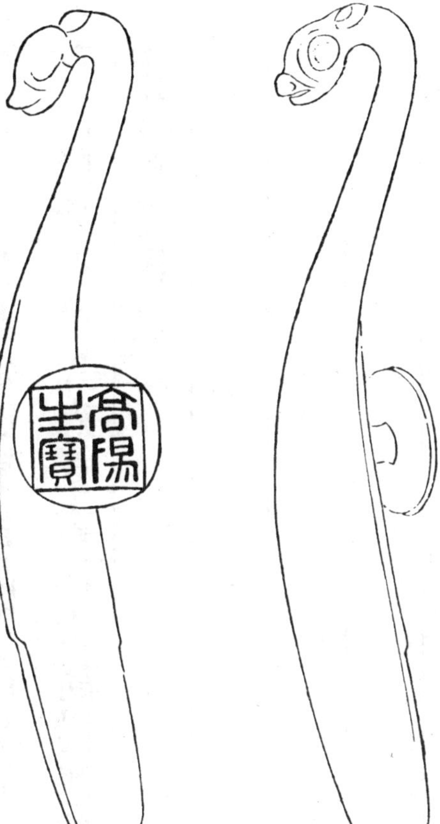


高陽生寶

右高陽鉤形制大小如圖重今庫平四兩一錢銘曰高陽生寶按左文十八秊傳高陽氏有才子八人杜注高陽帝顓頊之號春秋時邾莒麋楚諸國皆高陽苗裔通志載以名爲氏者有高陽氏引呂氏春秋古辯士高陽魋爲證鉤曰高陽乃作鉤者之氏也

# 漢共鉤

共

右共鉤形制大小如圖重今庫平二錢九分按氏族博攷載共工氏之後有三共商之侯國也後以國爲氏鄭公子段曰共叔晉太子申生曰共君皆以謚爲姓前漢匈奴傳太守共友師古曰共友太守姓名也讀若龔

# 漢萬歲鉤

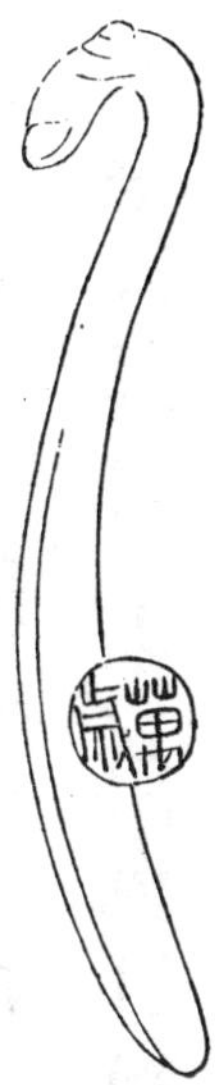

萬歲

右萬歲鉤形制大小如圖重今庫平八錢七分按水經注桂陽有萬歲山生靈壽木可爲杖漢平帝嘗以賜孔光山下郎千秋水水側居民號萬歲郵廣輿記有萬歲湖在今建昌府南豐縣三輔黃圖汾陽有萬歲宮古銅印中有萬歲單祭尊萬歲左父老里中萬歲諸印桂氏札樸云萬歲里名漢人常取吉語名器如千秋萬歲日利大吉等數數見也

# 漢日利鉤

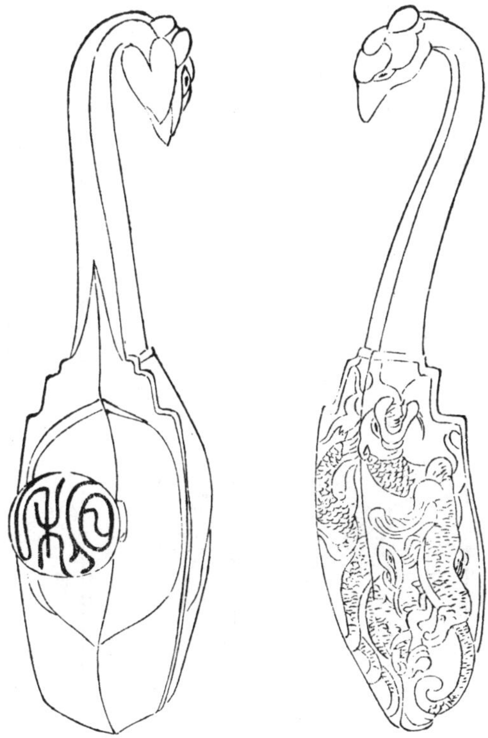

日利

右日利鉤形制大小如圖重今庫平三兩五錢六分日利乃漢人吉祥語也

# 漢宜用大吉鉤

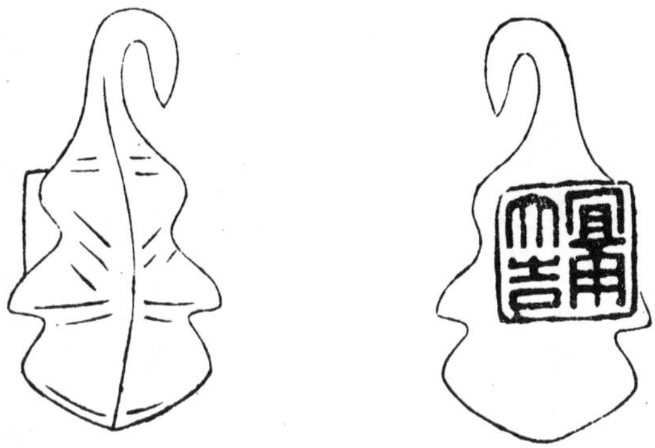

宜用
大吉

右大吉鉤形制大小如圖重今庫平四錢一分銘曰宜用大吉四字蓋亦吉祥頌美之辭

# 漢保身鉤

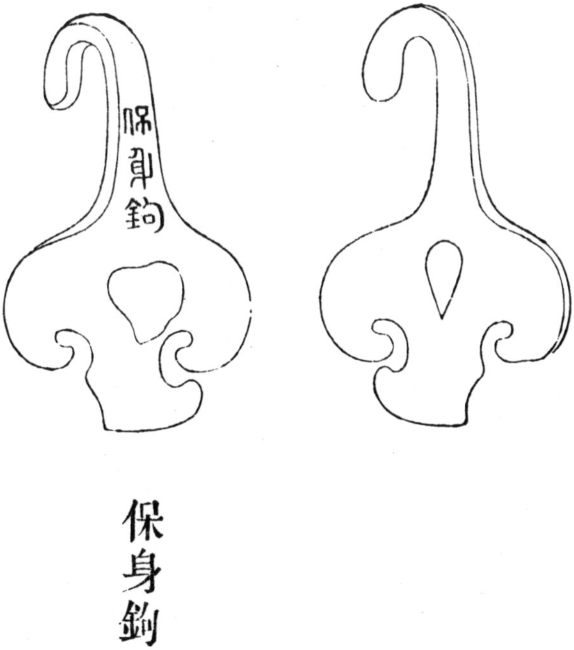


保身鉤

右保身鈎形制大小如圖重今庫平一兩二錢三分銘曰保身鈎按保説文養也賈誼治安策保者保其身體鈎銘保身卽此義也

# 漢至珍鉤

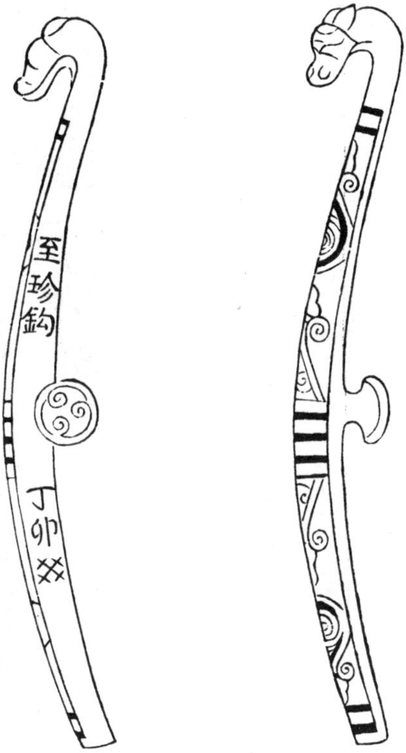


至珍鉤　丁卯癸

右至珍鉤形制大小如圖重今庫平一兩七錢三分鉤銘六字曰至珍鉤丁卯癸銀絲填文至珍者寶貴之辭丁卯癸者當是鑄鉤之季月自徐豐鉤以下九鉤與上衞一鉤共十鉤皆親家潘季玉方伯所贈

# 漢千四鉤

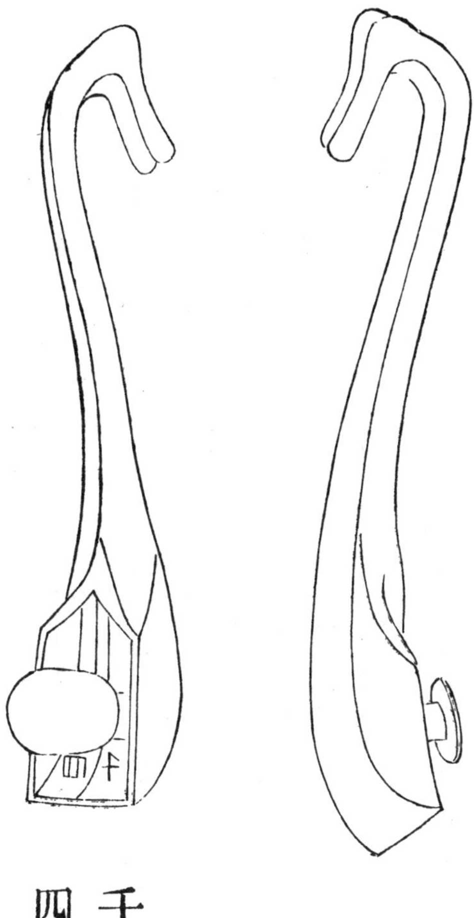


千四

右鉤形制大小如圖重今庫平一兩二錢按是鉤純素無雕飾制作甚古中空有陽款二字曰千四疑是次第之數也

# 漢長壽連鉤

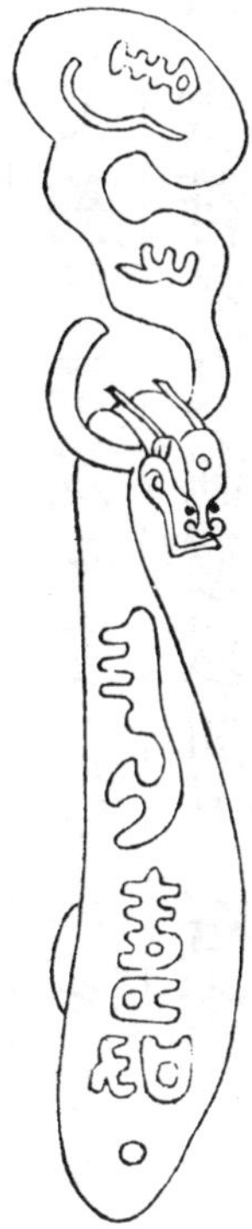

右鉤

長壽

右鉤並環皆鐵鑄廣長如圖通重今庫平一兩五錢鉤面反鑄長壽二字環鑄又鉤二字皆陽文積古齋款識有長壽半鉤阮氏云揣其制當更有一鉤文必陽識古人合之以當符劵雲按此鉤陽識依阮氏說或更有一鉤陰識者此鉤有環環有又鉤二字說文左右字作𠂇又然則此鉤既有陰陽識以當符劵又制環以別左右歟

# 漢陽文長壽半鉤

長壽

右長壽半鈞陽款形制大小如圖重今庫平三錢與阮氏積古齋款識所載長壽半鈞相類銘字有陰陽款古人用以爲合符也

# 漢陰文長壽半鉤

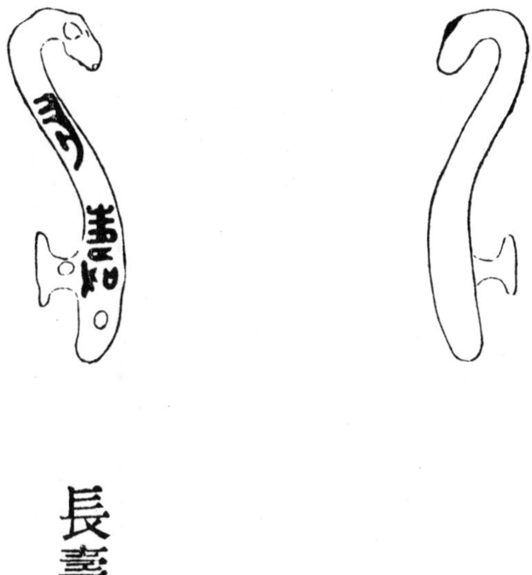

長壽

右長壽半鉤陰款形制大小如圖重今庫平二錢九分攷

釋詳前

兩罍軒彝器圖釋卷十二

魏太和銅尉斗

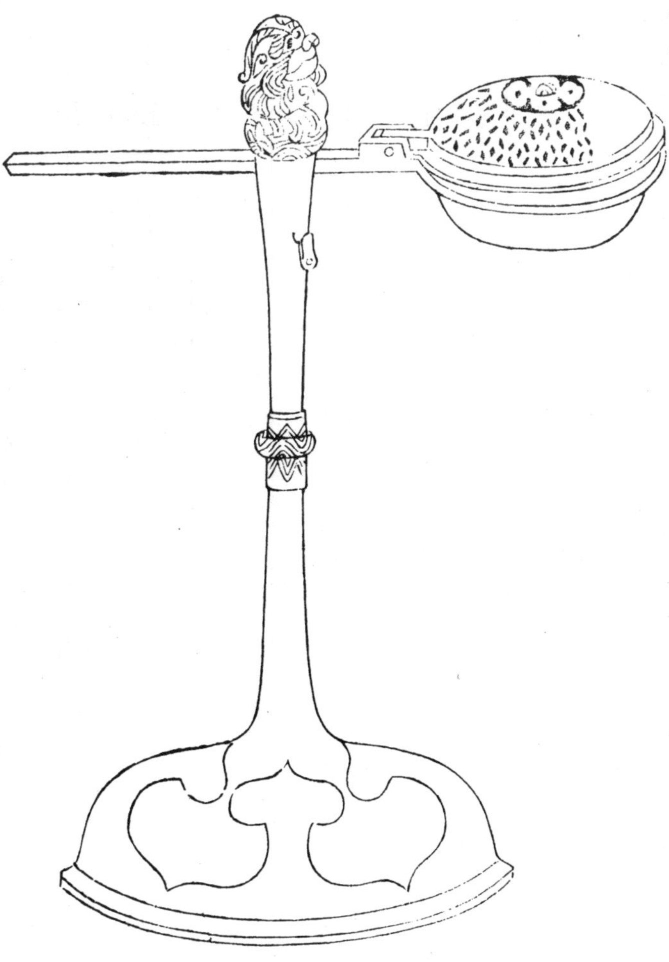

器高今尺一尺七寸底徑八寸二分重今庫平一百二十六兩斗徑五寸八分深一寸八分蓋高一寸三分柄長八寸二分重今庫平九十八兩

太和三年二月廿三日中尙方造銅尉人尉斗重卌四斤十二兩　第百六

太和三年二月廿三日中尙方造銅尉人尉斗重卌四斤十二兩　第百六

右太和銅㲉斗銘二十九字舊爲沈匏廬觀察濤所藏按太和建元除偏安草竊之後趙石勒成李勢晉海西公外惟有魏明帝與北魏孝文帝耳此器銘曰中尚方造銅尉人尉斗攷說文㲉从上按下也从𡰥又持火以尉申繒也徐鉉曰今別作熨非是又攷晉書百官志少府統材官校尉中左右尚方渡江惟置一尚方又省御府史氏謂晉初多承魏制想三尚方亦相沿之制也山左金石志載有正始銅鑪爲黃小松所藏銘曰正始六秊五月十五日中尚方造正始定爲魏廢帝年號惟中尚方無攷雲按魏明帝青龍三秊大治洛陽宫起昭陽太極殿築總章觀百姓失

業太子舍人張茂上書力諫其言有奢靡是務中尚方純
作玩弄之物炫耀後園等語則中尚方之屬曹魏此爲明
證

晉丞邑男虎符

晉與丞邑男爲虎符第一

丞邑男左一

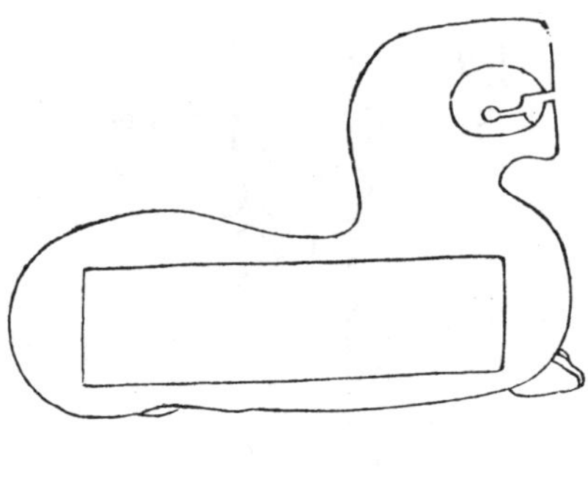

右晉虎符半具廣長如圖重今庫平四兩八錢自首至脊文一行云晉與丞邑男爲虎符第一凡十字俱半文蓋合之右則文全也胸下文一行云丞邑男左一五字字俱錯銀按晉書地理志丞爲東海郡十二屬之一又職官志小國不滿五千戶始封王之支子及始封公侯之支子皆爲男今攷晉書諸王等列傳無封丞邑男者或因無事可紀史畧之也此符爲金眉生廉訪所贈張未未有題詠不錄

# 唐嘉德門巡魚符

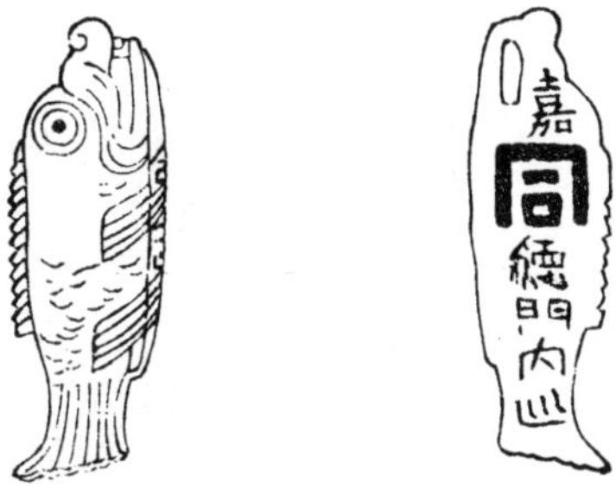

右銅巡魚符形制大小如圖重今庫平五錢一分文曰嘉德門內巡魚腹側有合符二半字攷長安志敘唐皇城西門云承天門之內有嘉德門嘉德門東有恭禮門又云東宮門南有嘉德門嘉德門東有奉化門嘉德門西有西奉化門則知嘉德門乃唐內城之門也此符文曰嘉德門內巡其爲內城門之巡魚符無疑

# 唐凝宵門交魚符

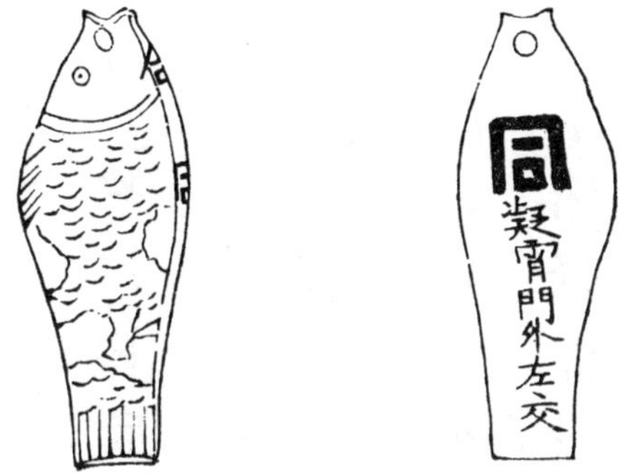

右銅交魚符形制大小如圖重今庫平三錢三分文曰凝宵門外左交魚腹側有合同二半字按唐書車服志初高祖罷隋竹使符攽銀菟符其後改爲銅魚符以起軍旅易守長京都畱守折衝府捉兵鎮守之所及左右金吾宮苑總監牧監皆給之畿內則左三右一畿外則左五右一左者進內右者在外用始第一周而復始宮殿門城門給交魚符巡魚符此符文曰凝宵門外左交當卽宮殿城門之左交魚符也惟左不言數而魚腹側有合同二半字或半畱於內半給其官當時交魚符中別有此制志書缺畧未可知也

唐右領軍衛魚符

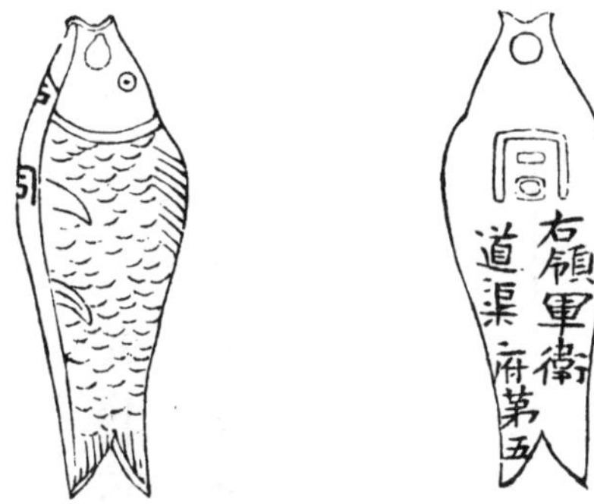

右銅魚符形制大小如圖重今庫平五錢文曰右領軍衛道渠府第五魚腹側有合同二半字按唐書百官志左右領軍衛上將軍各一人大將軍各一人將軍各二人掌同左右衛凡翊府之翊衛外府射聲番上者分配之道渠未詳誒攷

# 唐龜符

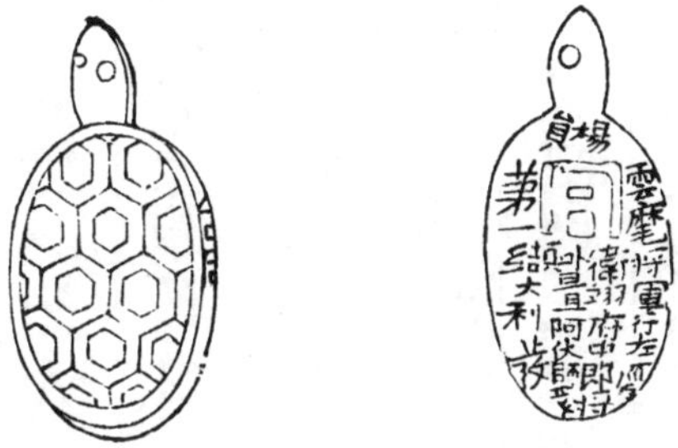

右銅龜符形制大小如圖重今庫平五錢七分此符舊爲劉燕庭方伯所藏以拓本貽嘉定瞿木夫中溶屬爲攷訂云得於洛陽引張鷟耳目記僞周武姓也元武龜也以銅爲龜符又釋其款文四行云雲麾將軍行左鷹揚衞翊府中郎將員外置阿伏師受纈大利發又末行四字上有第一二字側又有合同二半字并謂武周龜符眞絕無僅有之奇寶也木夫釋之曰攷張鷟朝野僉載二十卷載唐書藝文志云唐爲銅魚符武后以元武爲姓瑞乃爲龜符焉又唐書車服志言高宗給五品以上隨身魚銀袋以防召命之詐出內必合之三品以上金飾袋垂拱中都督始賜天授二年

改佩魚皆爲龜其後三品以上龜袋飾以金四品以銀五品以銅中宗初罷龜袋復給以魚又攷唐六典及唐書百官志雲麾將軍乃武官二十九階之從三品又隋開皇初置驃騎將軍府大業二季改置鷹揚府唐武德初因開皇舊名置是鷹揚之名始於隋惟稱府不稱衞耳又凡左右衞親衞勳衞翊衞左右率府親勳翊衞及諸衞之翊衞統謂之三衞左右衞大將軍各一人將軍各二人掌統領宮庭警衞之法令又有左右親勳翊衞中郎將府中郎將掌領其府校尉旅帥親衞勳衞翊衞之屬其左右驍衞武衞威衞領軍衞皆有大將軍各一人正三品將軍各二人從

三品翊府中郎將各一人正四品光宅元年改左右武衛爲左右鷹揚衛神龍元年復故而攷武后紀有左鷹揚衛將軍劉虔通右鷹揚衛大將軍李多祚左鷹揚衛將軍曹仁師及右鷹揚衛大將軍黑齒常之突厥車鼻傳右作左又諸夷蕃將傳有右鷹揚衛將軍趙懷節亦在武后時而此文左上加行字者唐六典言凡任官階卑而擬高則曰守階高而擬卑則曰行此以正四品之翊府中郎將而階則從三品之雲麾將軍故云行也其官之下又云員外置者百官志序言內外官定制爲七百三十員有員外置其後又有特置同正員而文又云阿伏師受者攷魏書官氏志云阿伏

氏改爲阿氏則阿伏乃虜姓而師受當其人之名也下又云纈大利發者攷唐書突厥傳言其別部典兵者凡二十八等皆世其官而無員其一曰俟利發又一曰頡利發又有曰頡利傳又西突厥傳言統葉護可汗徙廷石國北之千泉遂霸西域諸國悉以頡利發而攷長安志載趙楷記奉天縣高宗乾陵諸蕃來助葬之石人背鐫各酋長銜名等文其末有云大首領可汗頡利發又有云大首領吐屯纈利發而唐書諸夷蕃將契苾何力傳云九歲而孤號大俟利發一俟利發上加大字一頡作纈並與此合可知纈大利發當亦是突厥別部典兵之官名矣當武后時正突

厥寇邊大亂之時而據突厥思摩傳言思摩旣入朝願留宿衞又默啜傳言遣子楊我支特勒入宿衞然則阿伏師受亦必是突厥歸誠之官願留京師宿衞故授以左鷹揚衞翊府中郎將仍係其原官於姓名下以別其爲突厥人也而默啜傳又有右衞左衞左驍衞左武衞等官姓名下言將軍皆員外置又可知此等宿衞之官無定員皆於員外添置猶今所謂額外也故謂之員外置證之史傳載籍無不脗合眞罕有之奇珍也此符文字小而多極爲秀勁流麗其有姓名者蓋因員外置之官非一人亦是隨身所佩而非傳佩者也咸豐十八季雲守鎮江瞿木夫嗣君珍之

上舍樹寶館余幕中出示唐龜符攷一篇余愛其援據精
確欲求拓本一觀竟不可得後此符與漢張掖虎符唐嘉
德門巡魚符凝霄門交魚符領軍衛魚符同裝成匣流轉
至於江南爲親家許緣仲方伯所得知雲篤耆遂舉以爲
贈逾年世好沈韻初中翰又贈燕庭方伯所刻長安獲古
編一冊乃知此五符皆爲燕翁所藏余昔季欲求一拓本
不可得今一旦幷此符得之謂非金石奇緣耶猶憶辛酉
冬間在上海及門張敬仲大令攜示塗金銅龜一具謂爲
祖父尗未翁所藏並示拓本後有未翁題記云嘉慶庚辰
十二月七日得自仁和趙晉齋唐書輿服志魚袋始自武

德元年改銀菟符爲銀魚符天授元年九月詔內外所佩魚並作龜久視元年十月職事三品以上龜袋宜用金飾四品用銀飾五品用銅飾上守下行皆從官給神龍元季二月內外官五品以上依舊佩魚袋李玉溪生詩無端嫁得金龜壻辜負香衾事早朝是也武后以元武應瑞故有佩龜之制然不久卽改去以故流傳絕少此金龜爲錢唐梁學士山舟故物眞不可多得之品也余按未翁所藏塗金銅龜形製視此龜符大六倍之厚亦如之並無銘字似非唐龜符之制觀世所傳各魚符則知佩帶之品不應過重或文房書鎮之類未可定也以未翁收藏之富攷據鑒

賞之精而又出阮文達公之門生平所見彝器法物不知
凡幾特以未見廬山眞面遂不免寶此葉公之龍使當日
獲見此符正不知如何欣賞也因備記之以志余幸惜書
成而緣仲已不復見矣爲之愴然

孟蜀韓文范

右韓文銅笵十六字其陰面無字形制字文如圖舊爲張尗未所藏云此初刻書時官攽是器以爲模笵也攷韓文始鐫於蜀則此當是蜀所鐫須者今蜀刻石經間遇墨本珍于球璧況此爲梨棗初祖案經典敘次易詩固當先春秋左氏今本異是則此眞舊本韓文惜不得歐陽題後之本一印證耳

吴越金塗銅舍利塔

塔高今尺三寸三分甬高一寸一分頂高三寸三分通高六寸六分下口徑二寸四分重今庫平三十兩

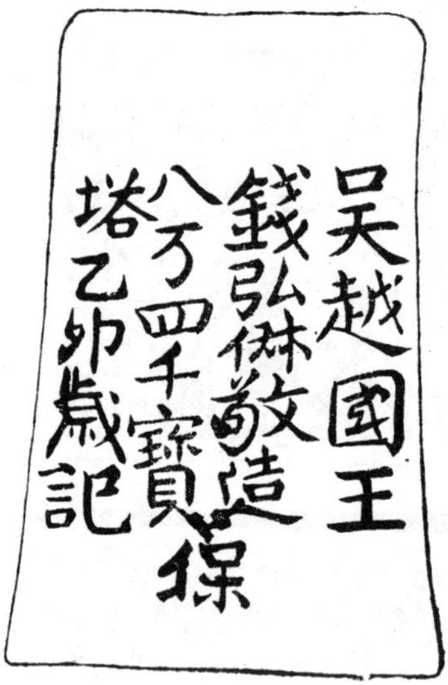
吳越國王
錢弘俶敬造
八万四千寶
塔乙卯歲記

兩罍軒彝器圖釋卷十二

[illegible]金塗銅舍利塔　十二

右吳越金塗塔塔分四面每面中層繪梵夾故事下層皆有三佛象上層共出四角角三稜稜上外八面面一金剛持杵象內成四面面各一佛坐蓮臺上頂作蓮華輪中樹相輪七級上兩級已斷去塔四版用銅汁黏合故世有撒成一面者今依塔之形制首繪全圖畧縮小四之一復將四面梵夾故事依樣橅取逐面繪出不爽毫髮按第一面佛象盤坐左二人一立一坐右一人立作拱侍狀前有二獸似犬形此面內鑄楷書十九字云吳越國王錢宏俶敬造八萬四千寶塔乙卯歲記下別有一保字第二面一佛屈一足坐左旁二人一立一坐右旁二人立作持杵狀第三面佛

立象左右各一人前有二虎佛仳割肉飼虎狀周文璞詩上作如來舍身相飢鷹餓虎紛相向是也第四面一佛俯首一人持刀加其首一人承其下後有一人抱寶樹一枝此當是月光王捐舍寶首事也宏俶字文德以犯宋宣祖偏諱史乃單行爲武肅王鏐之孫元瓘之子佐之弟薛居正五代史漢乾祐元季胡進思廢琮迎俶立之是爲戊申歲茲塔造於乙卯爲俶嗣立之八年周之顯德二季也湖南通志金石門載忠懿王在吴越時嘗以七寶造阿育王塔八萬四千銅鑄八萬四千鐵鑄八萬四千紙絹印福嚴寺有七寶塔舊置於方丈他日既經灰燼巨鐘大石皆鎔

製獨此塔不變人謂忠懿王願力也嘉興張尗未藏有鐵舍利塔云吳越舍利塔一見表忠譜一見程嘉燧破山寺志一見曝書亭集蔣爾齡所施白蓮寺之一版今皆不存存者吳門毛子文人字編號之版然已不全全者惟有朱文正公所得之保字編號一塔耳今已敬進

天府人間眞同景星鳳皇矣尗未所藏鐵舍利塔余曾目諗四面圖繪與此金塗銅塔均相似惟少內面十九字與保字耳此塔所繪梵夾故事極爲簡古大有武梁祠畫象筆意塗金處至今猶光彩奪目余於甲子歲暮得於蘇城市肆其時省垣收復未久往往有古器物出售人少過問

價亦不甚昂貴不數季收買者漸多市賈居奇尋常習見之品稍堪入目者價便不貲好事者不惜重值務購去而後已若此塔在今日余又安能與之豪奪耶此中固自有香火緣也仗吾佛之靈不望增積功德但望消除煩惱辦香供奉慰此暮年是則余之涰願也夫

# 附録

後印剜改頁

嘗讀趙德甫金石録，知收藏古器實始於劉原父，而集録前代遺文則自歐陽公。蓋與其時河南文氏、眉山蘇氏、廬江李氏三十餘家，家有其器，人識其文。吕大臨考古圖所載甚詳。厥後董廣川、薛尚功、王順伯、黄伯思、王復齋、翟耆年、王子弁輩，競相蒐討，各有專書。宣和朝殫人主之力，四出搜采一時三代兩漢之器，充積上方，於是繪其圖形摹其銘識彙爲博古圖一書使閱者於三代法物昭若揭日瞭如指掌可謂盛已元明以來吾子行趙凡夫輩於篆籀形聲之學雖稱專精而於先秦古器未有紀録

聖清稽古右文鴻儒輩出 西清古鑑抉擇之精攷證之確遠軼考古博古諸書乾嘉道光間阮芸臺相國起爲提倡學者宗之所著積古齋

彝器款識當日海內名士萃集幕下辨識古文奇字既極精審而所録銘篆又從拓本影摹迥非世傳彝器諸書轉輾傳鈔全失真面者可比雖其中亦間有可議之處而三代文字之不絶於今者實賴此書維繫之也同時畢秋帆尚書王蘭泉司寇翁覃溪閣學錢竹汀宮詹孫淵如觀察亦皆各有著録自張其軍繼之者則有吳荷屋中丞

兩罍軒彝器圖釋序

朱椒堂漕帥葉東卿師師劉燕庭方伯吳子苾閣學呂堯仙中丞張尗未解元俱不靳重值爭出購感地不愛寶往往於頹垣破壁高原古塚之間躍躍呈露日出不窮以應好古者之求較之趙宋盛時殆又過之所謂物常聚於所好好之而有力則亦云不足志也強趙宋當日西北用兵古器物之出土者恆在齊魯荊楚間乾嘉以來海宇盛平士大夫所獲古器多出秦

二

涼境內西北土燎銘欵完善者多此三千年以前古人
制作精微所寓精彩久必發造物亦不能終秘者
余束髮受書即有耆古之癖嘗讀前漢書
梁孝王寶愛罍尊致身後猶釀宮庭之釁竊
意梁王為竇太后愛子景帝同母弟也史稱其庫
臧金寶之富過於京師何獨於一罍尊而珍愛
至此當必是三代法物史臣失記但以一罍尊名之

耳曾舉以質塾師頗為嗟異及長補博士弟子員頗舉業雅非所好常出游藉從朱青立昂之講六法与黄秋士鞠翁小海雒瞿子冶應紹徐紫珊渭仁交諸君皆以書畫爭鳴紫珊兼及金石然亦非專門也至嘉興訪張叔未解元出其收藏相与上下其議論心竊慕之迨官江蘇往來大江南北交遊日廣見聞亦漸擴生平

所收桓碑彝器法書名畫之屬頗亦匪少乃兩遭兵亂散失過半而性之所好終不能恝亂後輒仿燕昭市駿之法雖金以求初意止望收回散失之物而故家之弆藏有由是而得者轉或出於所望之外不可謂非翰墨緣也迴憶四十年中所蒐羅加以親知所投贈雖不敢自詡其富抑亦一生心血所積也爰出篋中所藏上自商周下訖五季無款識者

不錄涉疑似者必汰釐爲十二卷屬世好汪嵐坡茂
才泰基張玉斧上舍璵精心鉤摹二君好學深思
能於款識之形制篆文不爽毫髮匪直爲觀美也
亦藉是以助攷鏡云耳自壬戌年罷官以後
杜門謝客專事鉛槧脫稿即授梓人所著尚有
古印攷藏十二卷古竟錄三卷閱十年始得卒業
剞劂亦賅因思歐劉趙薛洎考古博古諸書所

載之器今存於世者百不逮一賴其書尚在後之人撫卷流連於所謂雲龍亦變饕餮禁貪畢以戒喧舟以警酒者猶得按其圖制繹其銘文上窺先聖所以鑄器象物仳則垂憲之深意則所繫亦甚重矣嗚呼嬴秦焚書之後禮文寖失漢儒間出臆度學者無所質證不能不沿其說即如周書顧命七兵戈之外考工不言其制鄭氏謂戣瞿爲三鋒矛孔訂

戟屬後儒辨説紛紛莫有定論程易疇瑶田著考工創物小記辨證戈戟累數萬言阮相國采入皇清經解而於戣瞿終未明也使易疇當日得見余所藏二器正可不煩而自解矣則生今日欲考三代以上之禮數遺文舍古器其奚取證哉昔余丙辰年著二百蘭亭齋金石記專録家藏各器庚申之變書版遭燬器亦間多遺失猶幸印本尚有存者

故得重摹入録夫物有聚必有散再閲百年器之存否不可知而是書或有時而傳也因述生平蒐集之專与患難得失之由署之於篇以視原父之所記歐趙之所録或亦後先同意也夫

同治十一年壬申秋八月歸安吳雲書於金石壽世之居

庚觶
舉丁觶
𡚸父壬壺

# 兩罍軒彝器圖釋目録卷三

周

䘵康鐘
𨛫公牼鐘
伯頵父鼎
𠨘𠛝鼎蓋
魚父己尊

臤尊

伯到尊

曼仲彝

兩罍軒彝器圖釋目録卷四

周

齊侯罍

兩罍軒彝器圖釋目録卷五

周

齊侯中罍

兩罍軒彝器圖釋目録卷六

周

庚羆卣

寁卣

師酉敦二器

夆妃敦

封敦

兄光敦

惠敦

伯到敦

史頌敦蓋

仲五父敦蓋

仲鳧敦

# 兩罍軒彝器圖釋目録卷七

## 周

夌壺

虢季子壺

史僕壺蓋

芮太子簠

魯伯俞簠

曼龔父簋

旅簋蓋

# 周曼仲彝

器高今尺四寸二分深二寸九分口徑六寸一分腹徑五寸二分圍一尺四寸七分底徑四寸七分重今庫平四十二兩

皁爲曼
仲寶彝

右彝十六字銘曰阜爲曼仲寶彝按阜釋阜作器者之名爲釋爲猶作也曼釋曼與曼龔父盨曼字正合中郎仲字人名左傳鄭有曼伯可證

周仲皃敦

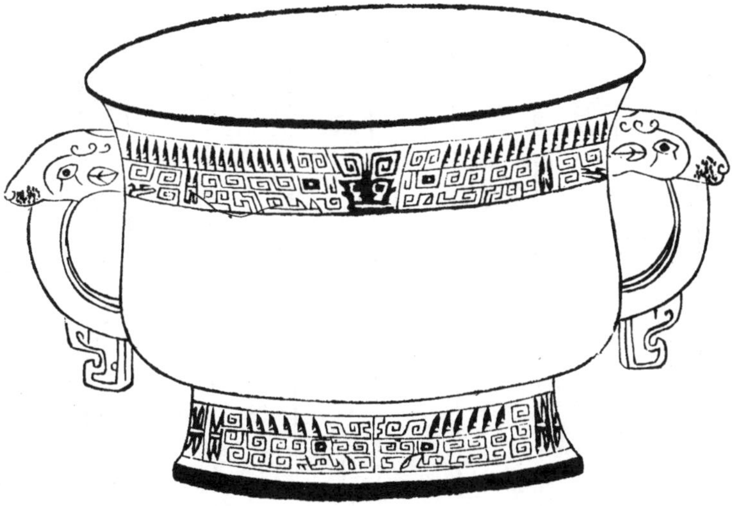

器高今尺四寸六分深三寸五分口徑六寸三分腹徑五
寸九分圍一尺八寸五分底徑五寸重今庫平七十二兩

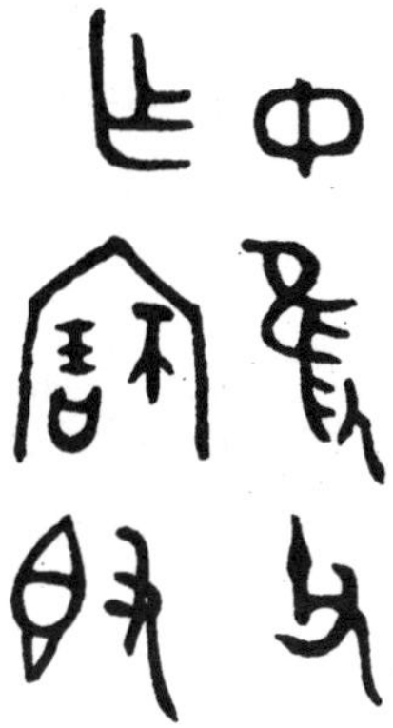

仲皃父
作寶敦

右敦銘六字舊爲嘉興張氏清儀閣所藏載積古齋彝器款識𨻰阮文達釋爲雝吳侃叔釋雝引晉姜鼎雝作䧹謂雍雝古通恐即是仲雍之器張未未謂从鳥从几釋爲鳧字今从其説